JOSÉ CARLOS MARI

Perú 1894 - 1930

La escena contemporánea

Tecnibook Ediciones

La escena contemporánea: Prólogo del autor

Prólogo del autor

La escena contemporánea José Carlos Mariátegui

La benévola instancia de algunos amigos me decide a recoger en un libro una parte de mis artículos de los dos últimos años sobre "figuras y aspectos de la vida mundial".

Agrupadas y coordinadas en un volumen, bajo el título de "La Escena Contemporánea", no pretenden estas impresiones, demasiado rápidas o demasiado fragmentarias, componer una explicación de nuestra época. Pero contienen los elementos primarios de un bosquejo o un ensayo de interpretación de esta época y sus tormentosos problemas que acaso me atreva a intentar en un libro más orgánico.

Pienso que no es posible aprehender en una teoría el entero panorama del mundo contemporáneo. Que no es posible, sobre todo, fijar en una teoría su movimiento. Tenemos que explorarlo y conocerlo, episodio por episodio, faceta por faceta. Nuestro juicio y nuestra imaginación se sentirán siempre en retardo respecto de la totalidad del fenómeno.

Por consiguiente, el mejor método para explicar y traducir nuestro tiempo es, tal vez, un método un poco periodístico y un poco cinematográfico.

He ahí otra de las razones que me animan a dar a la imprenta estos artículos. Casi todos se han publicado en "Variedades". Sólo cinco de esta serie han aparecido en "Mundial".

Al revisarlos y corregirlos no he tocado su sustancia. Me he limitado a algunas enmiendas formales, como la supresión de los puntos de referencia inmediatos del instante en que fueron escritos. Para facilitar y ordenar su lectura los he asociado y ensamblado según el tema.

Sé muy bien que mi visión de la época no es bastante objetiva ni bastante anastigmática. No soy un espectador indiferente del drama humano. Soy, por el contrario, un hombre con una filiación y una fe. Este libro no tiene más valor que el de ser un documento leal del espíritu y la sensibilidad de mi generación. Lo dedico, por esto, a los hombres nuevos, a los hombres jóvenes de la América indo-íbera.

José   Carlos
Mariátegui.

Lima, MCMXXV.

La escena contemporánea: I.- Biología del fascismo

I.- Biología del fascismo

La escena contemporánea José Carlos Mariátegui

MUSSOLINI Y EL FASCISMO

FASCISMO y Mussolini son dos palabras consustanciales y solidarias. Mussolini es el animador, el líder, el *duce* máximo del fascismo. El fascismo es la plataforma, la tribuna y el carro de Mussolini. Para explicarnos una parte de este episodio de la crisis europea, recorramos rápidamente la historia de los *fasci* y de su caudillo.

Mussolini, como es sabido, es un político de procedencia socialista. No tuvo dentro del socialismo una posición centrista ni templada sino una posición extremista e incandescente. Tuvo un rol consonante con su temperamento. Porque Mussolini es, espiritual y orgánicamente, un extremista. Su puesto está en la extrema izquierda o en la extrema derecha. De 1910 a 1911 fue uno de los líderes de la izquierda socialista. En 1912 dirigió la expulsión del hogar socialista de cuatro diputados partidarios de la colaboración ministerial: Bonomi, Bissolati, Cabrini y Podrecca. Y ocupó entonces la dirección del *Avanti*. Vinieron 1914 y la Guerra. El socialismo italiano reclamó la neutralidad de Italia. Mussolini, invariablemente inquieto y beligerante, se rebeló contra el pacifismo de sus correligionarios. Propugnó la intervención de Italia en la guerra. Dio, inicialmente, a su intervencionismo un punto de vista revolucionario. Sostuvo que extender y exasperar la guerra era apresurar la revolución europea. Pero, en realidad, en su intervencionismo latía su psicología guerrera que no podía avenirse con una actitud tolstoyana y pasiva de neutralidad. En noviembre de 1914. Mussolini abandonó la dirección del *Avanti* y fundó en Milán *Il Popolo d'Italia* para preconizar el ataque a Austria. Italia se unió a la Entente. Y Mussolini, propagandista de la intervención, fue también un soldado de la intervención.

Llegaron la victoria, el armisticio, la desmovilización. Y, con estas cosas, llegó un período de desocupación para los intervencionistas. D'Annunzio nostálgico de gesta y de epopeya, acometió la aventura de Fiume. Mussolini creó los *fasci di combetimento*: haces o fajos de combatientes. Pero en Italia el instante era revolucionario y socialista. Para Italia la guerra había sido un mal negocio. La Entente le había asignado una magra participación en el botín. Olvidadiza de la contribución de las armas italianas a la victoria, le habla regateado tercamente la posesión de Fiume. Italia, en suma, había salido de la guerra con una sensación de descontento y de desencanto. Se realizaron, bajo esta influencia, las elecciones. Y los socialistas conquistaron 155 puestos en el parlamento. Mussolini, candidato por Milán, fue estruendosamente batido por los votos socialistas.

Pero esos sentimientos de decepción y de depresión nacionales eran propicios a una violenta reacción nacionalista. Y fueron la raíz del fascismo. La clase media es peculiarmente accesible a los más exaltados mitos patrióticos. Y la clase media italiana, además, se sentía distante y adversaria de la clase proletaria socialista. No le perdonaba su neutralismo. No le perdonaba los altos salarios, los subsidios del Estado, las leyes sociales que durante la guerra y después de ella había conseguido del miedo a la revolución. La clase media se dolía y sufría de que el proletariado neutralista y hasta derrotista, resultase usufructuario de una guerra que no había querido. Y cuyos resultados desvalorizaba, empequeñecía y desdeñaba. Estos malos humores de la clase media encontraron un hogar en el fascismo. Mussolini atrajo, así la clase media a sus *fasci di combatimento*.

Algunos disidentes del socialismo y del sindicalismo se enrolaron en los *fasci* aportándoles su experiencia y su destreza en la organización y captación de masas. No era todavía el fascismo una secta programática y conscientemente reaccionaria y conservadora. El fascismo, antes bien, se creía revolucionario, Su propaganda tenía matices subversivos y demagógicos. El fascismo, por ejemplo, ululaba contra los nuevos ricos. Sus principios

—tendencialmente republicanos y anticlericales— estaban impregnados del confusionismo mental de la clase media que, instintivamente descontenta y disgustada de la burguesía, es vagamente hostil al proletariado. Los socialistas italianos cometieron el error de no usar sagaces armas políticas para modificar la actitud espiritual de la clase media. Más aún. Acentuaron la enemistad entre el proletariado y la *piccola borghesia*, desdeñosamente tratada y motejada por algunos hieráticos teóricos de la ortodoxia revolucionaria.

Italia entró en un período de guerra civil. Asustada por las *chances* de la revolución, la burguesía armó, abasteció y, estimuló solícitamente al fascismo. Y lo empujó a la persecución truculenta del socialismo, a la destrucción de los sindicatos y cooperativas revolucionarias, al quebrantamiento de huelgas e insurrecciones, El fascismo se convirtió así en una milicia numerosa y aguerrida. Acabó por ser más fuerte que el Estado mismo. Y entonces reclamó el poder. Las brigadas fascistas conquistaron Roma. Mussolini, en "camisa negra", ascendió al gobierno, constriñó a la mayoría del parlamento a obedecerle, inauguró un régimen y una era fascista.

Acerca de Mussolini se ha hecho mucha novela y poca historia. A causa de su beligerancia politice, casi no es posible una definición objetiva y nítida de su personalidad y su figura. Unas definiciones son ditirámbicas y cortesanas; otras definiciones son rencorosas y panfletarias. A Mussolini se le conoce, episódicamente, a través de anécdotas e instantáneas. Se dice, por ejemplo, que Mussolini es el artífice del fascismo. Se cree que Mussolini ha "hecho" el fascismo. Ahora bien, Mussolini es un agitador avezado, un organizador experto, un tipo vertiginosamente activo. Su actividad, su dinamismo, su tensión, influyeron vastamente en el fenómeno fascista. Mussolini, durante la campaña fascista, hablaba un mismo día en tres o cuatro ciudades. Usaba el aeroplano para saltar de Roma a Pisa, de Pisa a Bolonia, de Bolonia a Milán. Mussolini es un tipo volitivo, dinámico, verboso, italianisimo, singularmente dotado para agitar masas y excitar muchedumbres. Y fue el organizador, el animador, el *condottiere* del fascismo. Pero no fue su creador, no fue su artífice. Extrajo de un estado de ánimo un movimiento político; pero no modeló este movimiento a su imagen y semejanza. Mussolini no dio un espíritu, un programa, al fascismo. Al contrario, el fascismo dio su espíritu a Mussolini. Su consustanciación, su identificación ideológica con los fascistas, obligó a Mussolini a exonerarse, a purgarse de sus últimos residuos socialistas. Mussolini necesitó asimilar, absorber el antisocialismo, el chauvinismo de la clase media para encuadrar y organizar a ésta en las filas de los *fasci di combattimento*. Y tuvo que definir su política como una política reaccionaria, anti-socialista, anti-revolucionaria. El caso de Mussolini se distingue en esto del caso de Bonomi, de Briand y otros ex-socialistas. Bonomi, Briand, no se han visto nunca forzados a romper explícitamente con su origen socialista. Se han atribuido, antes bien, un socialismo mínimo, un socialismo homeopático. Mussolini, en cambio, ha llegado a decir que se ruboriza de su pasado socialista como se ruboriza un hombre maduro de sus cartas de amor de adolescente. Y ha saltado del socialismo más extremo al conservatismo más extremo. No ha atenuado, no ha reducido su socialismo; lo ha abandonado total e integralmente. Sus rumbos económicos, por ejemplo, son adversos a una política de intervencionismo, de estadismo, de fiscalismo. No aceptan el tipo transaccional de Estado capitalista y empresario: tienden a restaurar el tipo clásico de Estado recaudador y gendarme. Sus puntos de vista de hoy son diametralmente opuestos a sus puntos de vista de ayer. Mussolini era un convencido ayer como es un convencido hoy. ¿Cuál ha sido el mecanismo a proceso de su conversión de una doctrina a otra? No se trata de un fenómeno cerebral; se trata de un fenómeno irracional. El motor de este cambio de actitud ideológica no ha sido la idea; ha sido el sentimiento. Mussolini no se ha desembarazado de su socialismo, intelectual ni conceptualmente. El socialismo no era en él un concepto sino una emoción, del mismo modo que el fascismo tampoco es en él un concepto sino también una emoción. Observemos un dato psicológico y fisonómico: Mussolini no ha sido nunca un cerebral, sino más bien un sentimental, En la política, en la prensa, no ha sido un teórico ni un filósofo sino un retórico y un conductor. Su lenguaje no ha sido programática, principista, ni científico, sino pasional, sentimental. Los más flacos discursos de Mussolini han sido aquéllos en que ha intentado definir la filiación, la ideología del fascismo. El programa del fascismo es confuso, contradictorio, heterogéneo: contiene, mezclados *péle-méle*, conceptos liberales y conceptos sindicalistas. Mejor dicho, Mussolini no le ha dictado al fascismo un verdadero programa; le ha dictado un plan de acción.

Mussolini ha pasado del socialismo al fascismo, de la revolución a la reacción, por una vía sentimental, no por una vía conceptual. Todas las apostasías históricas han sido, probablemente, un fenómeno espiritual. Mussolini, extremista de la revolución, ayer, extremista de la reacción hoy, no recuerda a Juliano. Como este Emperador, personaje del Ibsen y de Merezkovskij, Mussolini es un Ser inquieto, teatral, alucinado, supersticioso y misterioso que se ha sentido elegido por el Destino para decretar la persecución del dios nuevo y reponer en su retablo los moribundos dioses antiguos.

D'ANNUNZIO Y EL FASCISMO

D'Annunzio no es fascista. Pero el fascismo es d'annunziano. El fascismo usa consuetudinariamente una retórica, una técnica y una postura d'annunziana. El grito fascista de "¡Eia, eia, alalá!" es un grito de la epopeya de D'Annunzio. Los orígenes espirituales del fascismo, están en la literatura de D'Annunzio y en la vida de D'Annunzio. D'Annunzio puede, pues, renegar del fascismo. Pero el fascismo no puede renegar de D'Annunzio. D'Annunzio es uno de los creadores, uno de los artífices del estado de ánimo en el cual se ha incubado y se ha plasmado el fascismo. Más aún. Todos los últimos capítulos de la historia italiana están saturados de d'annunzianismo. Adriano Tilgher en un sustancioso ensayo sobre la *Tersa Italia* define el periodo pre-bélico de 1905 a 1915 como "el reino incontestado de la mentalidad d'annunziana, nutrida de recuerdos de la Roma imperial y de las comunas italianas de la Edad Media, formada de naturalismo pseudopagano, de aversión al sentimentalismo cristiano y humanitario, de culto de la violencia heroica, de desprecio por el vulgo profano curvado sobre el trabajo servil, de diletantismo kilometrofágico con un vago delirio de grandes palabras y de gestos imponentes". Durante ese periodo, constata Tilgher, la pequeña y la media burguesía italiana se alimentaron de la retórica de una prensa redactada por literatos fracasados, totalmente impregnados de d'annunzionismo y de nostalgias imperiales.

Y en la guerra contra Austria, gesta d'annunziana, se generó el fascismo, gesta d'annunziana también. Todos los líderes y capitanes del fascismo provienen de la facción que arrolló al gobierno neutralista de Giolitti y condujo a Italia a la guerra. Las brigadas del fascismo se llamaron inicialmente haces de combatientes. El fascismo fue una emanación de la guerra. La aventura de Fiume y la organización de los fasci fueron dos fenómenos gemelos, dos fenómenos sincrónicos y sinfrónicos. Los fascistas de Mussolini y los *arditi* de D'Annunzio fraternizaban. Unos y otros acometían sus empresas al grito de "¡Eia, aia, alalá!" El fascismo y el fiumanismo se amamantaban en la ubre de la misma loba como Rómulo y Remo. Pero, nuevos Rómulo y Remo también, el destino quería que uno matase al otro. El fiumanismo sucumbió en Fiume ahogado en su retórica y en su poesía. Y el fascismo se desarrolló, libre de la concurrencia de todo movimiento similar, a expensas de esa inmolación y de esa sangre.

El fiumanismo se resistía a descender del mundo astral y olímpico de su utopía, al mundo contingente, precario y prosaico de la realidad. Se sentía por encima de la lucha de clases, por encima del conflicto entre la idea individualista y la idea socialista, por encima de la economía y de sus problemas. Aislado de la tierra, perdido en el éter, el Humanismo estaba condenado a la evaporación y a la muerte. El fascismo, en cambio, tomó posición en la lucha de clases. Y, explotando la ojeriza de la clase media contra el proletariado, la encuadró en sus filas y la llevó a la batalla contra la revolución y contra el socialismo. Todos los elementos reaccionarios, todos los elementos conservadores, más ansiosos de un capitán resuelto a combatir contra la revolución que de un político inclinado a pactar con ella, se enrolaron y concentraron en los rangos del fascismo. Exteriormente, el fascismo conservó sus aires d'annunzianos; pero interiormente su nuevo contenido social, su nueva estructura social, desalojaron y sofocaron la gaseosa ideología d'annunziana. El fascismo ha crecido y ha vencido no como movimiento d'annunziano sino como movimiento reaccionario; no como interés superior a la lucha de clases sino como interés de una de las clases beligerantes. El fiumanismo era un fenómeno literario más que un fenómeno político. El fascismo en cambio, es un fenómeno eminentemente político. El *condotieri* del fascismo tenía que ser, por consiguiente, un político, un caudillo tumultuario, plebiscitario, demagógico. Y el fascismo encontró por esto su *duce*, su animador en Bonito Mussolini, y no en Gabriel D'Annunzio. El fascismo necesitaba un líder listo a usar, contra el proletariado socialista, el revólver, el bastón y el aceite castor. Y la poesía y el aceite castor son dos cosas inconciliables y disímiles.

La personalidad de D'Annunzio es una personalidad arbitraria y versátil que no cabe dentro de un partido. D'Annunzio es un hombre sin filiación y sin disciplina ideológicas. Aspira a ser un gran actor de la historia. No le preocupa el rol sino su grandeza, su relieve, su estética. Sin embargo, D'Annunzio ha mostrado, malgrado su elitismo y su aristocratismo, una frecuente e instintiva tendencia a la izquierda y a la revolución. En D'Annunzio no hay una teoría, una doctrina, un concepto. En D'Annunzio hay sobre todo, un ritmo, una música, una forma. Mas este ritmo, esta música, esta forma, han tenido, a veces, en algunos sonoros episodios de la historia del gran poeta, un matiz y un sentido revolucionarios. Es que D'Annunzio ama el pasado; pero ama más el presente. El pasado lo provee y lo abastece de elementos decorativos, de esmaltes arcaicos, de colores raros y de jeroglíficos misteriosos. Pero el presente es la visa. Y la vida es la fuente de la fantasía y del arte. Y, mientras la reacción es el instinto de conservación, el estertor agónico del pasado, la revolución es la gestación dolorosa, el parto sangriento del presente.

Cuando, en 1900. D'Annunzio ingresó en la Cámara italiana, su carencia de filiación, su falta de ideología, lo llevaron a un escaño conservador. Mas un día de polémica emocionante entre la mayoría burguesa y dinástica y la extrema izquierda socialista y revolucionaria. D'Annunzio, ausente de la controversia teorética sensible sólo al latido y a la emoción de la vida, se sintió atraído magnéticamente al campo de gravitación de la minoría. Y habló así a la extrema izquierda: "En el espectáculo de hoy he visto de una parte muchos muertos que gritan, de la otra pocos hombres vivos y elocuentes. Como hombre de intelecto, marcho hacia la vida". D'Annunzio no marchaba hacia el socialismo, no marchaba hacia la revolución. Nada sabía ni quería saber de teorías ni de doctrinas. Marchaba simplemente hacia la vida. La revolución ejercía en él la misma atracción natural y orgánica que el mar, que el campo, que la mujer, que la juventud y que el combate.

Y, después de la guerra, D'Annunzio volvió a aproximarse varias veces a la revolución. Cuando ocupó Fiume, dijo que el fiumanismo era la causa de todos los pueblos oprimidos, de todos los pueblos irredentos. Y envió un telegrama a Lenin. Parece que Lenin quiso contestar a D'Annunzio. Pero los socialistas italianos se opusieron a que los Soviets tomaran en serio el gesto del poeta. D'Annunzio invitó a todos los sindicatos de Fiume a colaborar con él en la elaboración de la constitución fiumana. Algunos hombres del ala izquierda del socialismo, inspirados por su instinto revolucionario, propugnaron un entendimiento con D'Annunzio. Pero la burocracia del socialismo y de los sindicatos rechazó y excomulgó esta proposición herética, declarando a D'Annunzio un diletante, un aventurero. La heterodoxia y el individualismo del poeta repugnaban a su sentimiento revolucionario. D'Annunzio, privado de toda cooperación doctrinaria, dio a Firme una constitución retórica. Una constitución de tono épico que es sin duda, uno de los más curiosos documentos de la literatura política de estos tiempos. En la portada de la Constitución del Arengo del Carnaro están escritas estas palabras: "La vida es bella y digna de ser magníficamente vivida". Y en sus capítulos e incisos, la Constitución de Fiume asegura a los ciudadanos del Arengo del Carnero, una asistencia próvida, generosa e infinita para su cuerpo, para su alma, para su imaginación y su músculo. En la Constitución de Fiume existen toques de comunismo. No del moderno, científico y dialéctico comunismo, de Marx y de Lenin, sino del utópico y arcaico comunismo de la República de Platón, de la Ciudad del Sol de Campanella y de la Ciudad de San Rafael de John Ruskin.

Liquidada la aventura de Fiume, D'Annunzio tuvo un período de contacto y de negociaciones con algunos líderes del proletariado. En su villa de Gardone, se entrevistaron con él D'Aragona y Baldesi, secretarios de la Confederación General del Trabajo. Recibió, también la visita de Tchicherin, que tornaba de Génova a Rusia. Pareció entonces inminente un acuerdo de D'Annunzio con los sindicatos y con el socialismo. Eran los días en que los socialistas italianos, desvinculados de los comunistas, parecían próximos a la colaboración ministerial. Pero la dictadura fascista estaba en marcha. Y, en vez de D'Annunzio y los socialistas, conquistaron la Ciudad Eterna Mussolini y los "camisas negras".

D'Annunzio vive en buenas relaciones con el fascismo. La dictadura de las "camisas negras" flirtea con el Poeta. D'Annunzio, desde su retiro de Gardone, la mira sin rencor, y sin antipatía. Pero se mantiene esquivo y huraño a toda mancomunidad con ella. Mussolini ha auspiciado el pacto marinero redactado por el Poeta que es una especie de padrino de la gente del mar. Los trabajadores del mar se someten voluntariamente a su arbitraje y a su imperio. El poeta de "La Nave" ejerce sobre ellos una autoridad patriarcal y teocrática. Vedado de legislar para la tierra, se contenta con legislar para el mar. El mar lo comprende mejor que la tierra.

Pero la historia tiene como escenario la tierra y no el mar. Y tiene como asunto central la política y, no la poesía. La política que reclama de sus actores contacto constante y metódico con la realidad, con la ciencia, con la economía, con todas aquellas cosas que la megalomanía de los poetas desconoce y desdeña. En una época normal y quieta de la historia D'Annunzio no habría sido un protagonista de la política. Porque en épocas normales y quietas la política es un negocio administrativo y burocrático. Pero en esta época de neo-romanticismo, en esta época de renacimiento del Héroe, del Mito y de la Acción, la política cesa de ser oficio sistemático de la burocracia y de la ciencia. D'Annunzio, tiene, por eso, un sitio en la política contemporánea. Sólo que D'Annunzio, ondulante y arbitrario, no puede inmovilizarse dentro de una secta ni enrolarse en un bando. No es capaz de marchar con la reacción ni con la revolución. Menos aún es capaz de afiliarse a la ecléctica y sagaz zona intermedia de la democracia y de la, reforma.

Y así, sin ser D'Annunzio consciente y específicamente reaccionario, la reacción es paradójica y enfáticamente d'annunziana. La reacción en Italia ha tomado del d'annunzianismo el gesto, la pose y el acento. En otros países la reacción es más sobria, más brutal, más desnuda. En Italia, país de la elocuencia y de la retórica, la reacción necesita erguirse sobre un plinto suntuosamente decorado por los frisos, los bajo relieves y las volutas de la literatura d'annunziana.

LA INTELIGENCIA Y EL ACEITE DE RICINO

El fascismo conquistó, al mismo tiempo que el gobierno y la Ciudad Eterna, a la mayoría de los intelectuales italianos. Unos se uncieron sin reservas a su carro y a su fortuna; otros, le dieron un consenso pasivo; otros, los más prudentes, le concedieron una neutralidad benévola. La Inteligencia gusta de dejarse poseer por la Fuerza. Sobre todo cuando la fuerza es, como en el caso del fascismo, joven, osadas, marciales y aventureras.

Concurrían, además, en esta adhesión de intelectuales y artistas al fascismo, causas específicamente italianas. Todos los últimos capítulos de la historia de Italia aparecen saturados de d'annunzianismo. "Los orígenes espirituales del fascismo están en la literatura de D'Annunzio". El futurismo —que fue una faz, un episodio del fenómeno d'annunziano— es otro de los ingredientes psicológicos del fascismo. Los futuristas saludaron la guerra de Tripoli como la inauguración de una nueva era para Italia. D'Annunzio fue, más tarde, el *condottiere* espiritual de la intervención de Italia en la guerra mundial, Futuristas y d'annunzianos crearon en Italia un humor megalómano, anticristiano, romántico y retórico. Predicaron a las nuevas generaciones —como lo han remarcado Adriano Tilgher y Arturo Labriola— el culto del héroe, de la violencia y de la guerra. En un pueblo como el italiano, cálido, meridional y prolífico, mal contenido y alimentado por su exiguo territorio, existía una latente tendencia a la expansión. Dichas Ideas encontraron, por tanto, una atmósfera favorable. Los factores demográficos y económicos coincidían con las sugestiones literarias. La clase media, en particular, fue fácil presa del espíritu d'annunziano. (El proletariado, dirigido y controlado por el socialismo, era menos permeable a tal influencia). Con esta literatura colaboraban la filosofía idealista de Gentile y de Croce y todas las importaciones y transformaciones del pensamiento tudesco.

Idealistas, futuristas y d'annunzianos sintieron en el fascismo una obra propia. Aceptaron su maternidad. El fascismo estaba unido a la mayoría de los intelectuales por un sensible cordón umbilical. D'Annunzio no se incorporó al fascismo, en el cual no podía ocupar una plaza de lugarteniente; pero mantuvo con él cordiales relaciones y no rechazó su amor platónico, Y los futuristas se enrolaron voluntariamente en los rangos fascistas. El más ultraísta de los diarios fascistas, *L'Impero* de Roma, está aún dirigido por Mario Carli y Emilio Settimelli, dos sobrevivientes de la experiencia futurista. Ardengo Soffici, otro ex-futurista, colabora en *Il Popolo d'Italia*, el órgano de Mussolini. Los filósofos del idealismo tampoco se regatearon al fascismo Giovanni Gentile, después de reformar fascísticamente la enseñanza, hizo la apología idealista de la cachiporra. Finalmente, los literatos solitarios, sin escuela y sin capilla, también reclamaron un sitio en el cortejo victorioso del fascismo. Sem Benelli, uno de los mayores representantes de esa categoría literaria, demasiado cauto para vestir la "camisa negra", colaboró con los fascistas, y sin confundirse con ellos, aprobó su praxis y sus métodos. En las últimas elecciones, Sem Benelli fue uno de los candidatos conspicuos de la lista ministerial.

Pero esto acontecía en los tiempos que aún eran o parecían de plenitud y de apogeo de la gesta fascista. Desde que el fascismo empezó a declinar, los intelectuales comenzaron a rectificar su actitud. Los que guardaron silencio ante la marcha a Roma sienten hoy la necesidad de procesarla y condenarla. El fascismo ha perdido una gran parte de su clientela y de su séquito de intelectuales. Las consecuencias del asesinato de Matteotti han apresurado las defecciones.

Presentemente se afirma entre los intelectuales esta corriente anti-fascista. Roberto Bracco es uno de los líderes de la oposición democrática. Benedetto Croce se declara también antifascista, a pesar de compartir con Giovanni Gentile la responsabilidad y los laureles de la filosofía idealista. D'Annunzio que se muestra huraño y malhumorado, ha anunciado que se retira de la vida pública y que vuelve a ser el mismo "solitario y orgulloso artista" de antes. Sem Benelli, en fin, con algunos disidentes del fascismo y del filofascismo, ha fundado la Liga Itálica con el objeto de provocar me revuelta moral contra los métodos de los "camisas negras.

Recientemente, el fascismo ha recibido la adhesión de Pirandello. Pero Pirandello es un humorista. Por otra parte, Pirandello es un pequeño burgués, provinciano y anarcoide, con mucho ingenio literario y muy poca sensibilidad política. Su actitud no puede ser nunca el síntoma de una situación. Malgrado Pirandello, es evidente que los intelectuales italianos están disgustados del fascismo. El idilio entre la inteligencia y el aceite de ricino ha terminado.

¿Cómo se ha generado esta ruptura? Conviene eliminar inmediatamente una hipótesis: la de que los intelectuales se alejan de Mussolini porque éste no ha estimado ni aprovechado más su colaboración. El fascismo suele engalanarse de retórica imperialista y disimular su carencia de principios bajo algunos lugares comunes literarios; pero más que a los artesanos de la palabra ama a los hombres de acción. Mussolini es un hombre demasiado agudo y socarrón para rodearse de literatos y profesores. Le sirve más un estado mayor de demagogos y guerrilleros, expertos en el ataque, el tumulto y la agitación. Entre la cachiporra y la retórica, elige sin dudar la cachiporra. Roberto Farinacci, uno de los líderes actuales del fascismo, el principal actor de su última asamblea nacional, no es sólo un descomunal enemigo de la libertad y la democracia sino también de la gramática. Pero estas cosas no son bastantes para desolar a los intelectuales. En verdad, ni los intelectuales esperaron nunca que Musolini convirtiese su gobierno en una academia bizantina, ni la prosa fascista fue antes más gramatical que ahora. Tampoco pasa que a los literatos, filósofos y artistas, a la *Artecracia* como la llama Marinetti, le horroricen demasiado la truculencia y la brutalidad de la gesta de los "camisas negras", Durante tres años las han sufrido sin queja y sin repulsa.

El nuevo orientamiento de la inteligencia Italiana es una señal, un indicio de un fenómeno más hondo. No es para el fascismo un hecho grave en al, sino como parte de un hecho mayor. La pérdida o la adquisición de algunos poetas, como Sem Benelli, carece de importancia tanto para la Reacción como para la Revolución. La inteligencia, la artecracia, no han reaccionado contra el fascismo antes que las categorías sociales, dentro de las cuales están incrustadas, sino después de éstas. No son los intelectuales los que cambian de actitud ante el fascismo. Es la burguesía, la banca, la prensa, etc., etc., la misma gente y las mismas instituciones cuyo consenso permitieron hace tres años la marcha a Roma. La inteligencia es esencialmente oportunista: El rol de los intelectuales en la historia resulta, en realidad, muy modesto. Ni el arte ni la literatura, a pesar de su megalomanía, dirigen la política; dependen de ella, como otras tantas actividades menos exquisitas y menos ilustres. Los intelectuales forman la clientela del orden, de la tradición, del poder, de la fuerza, etc, y, en caso necesario, de la cachiporra y del aceite de ricino. Algunos espíritus superiores, algunas mentalidades creadoras escapan a esta regla; pero son espíritus y mentalidades de excepción. Gentc de clase media, los artistas y los literatos no tienen generalmente ni aptitud ni elan6 revolucionarios. Los que actualmente osan insurgir contra el fascismo son totalmente inofensivos. La *Liga Itálica* de Sem Benelli, por ejemplo, no quiere ser un partido, ni pretende casi hacer política. Se define a sí misma como "un vinculo sacro para desenvolver su sacro programa: por el Bien y el Derecho de la Nación Itálica: por el Bien y el Derecho del hombre itálico". Este programa puede ser muy sacro, como dice Sem Benelli; pero es, además, muy vago, muy gaseoso, muy cándido. Sem Benelli, con esa nostalgia del pasado y ese gusto de las frases arcaicas, tan propios de las poetas mediocres de hoy, va por los caminos de Italia diciendo como un gran poeta de ayer: *¡Pace,*

pace, pace! Su impotente consejo llega con mucho retardo.

LA TEORIA FASCISTA

La crisis del régimen fascista, precipitada por el proceso Matteotti, ha esclarecido y precisado la fisonomía y el contenido del fascismo.

El partido fascista, antes de la marcha a Roma, era una informe nebulosa. Durante mucho tiempo no quiso calificarse ni funcionar como un partido. El fascismo, según muchos "camisas negras" de la primera hora, no era una facción sino un movimiento. Pretendía ser, más que un fenómeno político, un fenómeno espiritual y significar, sobre todo, una reacción de la Italia vencedora de Vittorio Veneto contra la política de desvalorización de esa victoria y sus consecuencias. La composición, la estructura de los *fasci*, explicaban su confusionismo ideológico. Los *fasci* reclutaban sus adeptos en las más diversas categorías sociales. En sus rangos se mezclaban estudiantes, oficiales, literatos, empleados, nobles, campesinos y aun obreros. La plana mayor del fascismo no podía ser más policroma. La componían disidentes del socialismo como Mussolini y Farinacci; ex-combatientes, cargados de medallas, como Igliori y De Vecchi; literatos futuristas exuberantes y bizarros como Filippo Marinetti y Emilio Settimelli; ex-anarquistas de reciente conversión como Massimo Rocca; sindicalistas como Cesare Rossi y Michele Bianchi; republicanos mazzinianos como Casalini; fiumanistas como Giunta y Giuriati; y monarquistas ortodoxos de la nobleza adicta a la dinastía de Savoya. Republicano, anticlerical, iconoclasta, en sus orígenes, el fascismo se declaró más o menos agnóstico ante el régimen y la Iglesia cuando se convirtió en un partido.

La bandera de la patria cubría todos los contrabandos y todos los equivocas doctrinarlos y programáticos. Los fascistas se atribuían la representación exclusiva de la italianidad. Ambicionaban el monopolio del patriotismo. Pugnaban por acaparar para su facción a los combatientes y mutilados de la guerra. La demagogia y el oportunismo de Mussolini y sus tenientes se beneficiaron, ampliamente, a este respecto, de la maldiestra política de los socialistas, a quienes una insensata e inoportuna vociferación antimilitarista había enemistado con la mayoría de los combatientes.

La conquista de Roma y del poder agravó el equívoco fascista. Los fascistas se encontraron flanqueados por elementos liberales, democráticos, católicos, que ejercitaban sobre su mentalidad y su espíritu una influencia cotidiana enervante. En las filas del fascismo se enrolaron, además, muchas gentes seducidas únicamente por el éxito. La composición del fascismo se tornó espiritual y socialmente más heteróclita. Mussolini no pudo por esto, realizar plenamente el golpe de Estado. Llegó al poder insurreccionalmente; pero buscó, en seguida, el apoyo de la mayoría parlamentaria. Inauguró una política de compromisos y de transacciones. Trató de legalizar su dictadura. Osciló entre el método dictatorial y el método parlamentario. Declaró que el fascismo debía entrar cuanto entes en la legalidad. Pero esta política fluctuante no podía cancelar las contradicciones que minaban la unidad fascista. No tardaron en manifestarse en el fascismo dos ánimas y dos mentalidades antitéticas. Una fracción extremista o ultraísta propugnaba la inserción integral de la revolución fascista en el Estatuto del Reino de Italia. El estado demoliberal debía, a su juicio, ser reemplazado por el Estado fascista. Una fracción revisionista reclamaba, en tanto, una rectificación más o menos extensa de la política del partido. Condenaba la violencia arbitraria de los *ras* de provincias. Los *ras*, como se designa a los jefes o *condottieri* regionales del partido fascista, ejercían sobre las provincias una autoridad medioeval y despótica. Contra el *rasismo*, contra el *escuadrismo*, insurgían los fascista revisionistas. El más categórico y autorizado líder revisionista, Massimo Rocca, sostuvo ardorosas polémicas ron los líderes extremistas. Esta polémica tuvo vastas proyecciones. Se quiso fijar y definir, de una y otra parte, la función y el ideario del fascismo. El fascismo que hasta entonces no se había cuidado sino de ser acción, empezaba a sentir la necesidad de ser también una teoría. Curzio Suckert asignaba al fascismo una ánima católica, medioeval, anti-liberal, anti-renacentista. El espíritu del Renacimiento, el protestantismo, el liberalismo, era descrito como un espíritu disolvente, nihilista, contrario a los intereses espirituales de la italianidad. Los fascistas no reparaban en que, desde sus primeras aventuras,- se habían calificado, ante todo, como asertores de la idea de la nación, idea de claros orígenes renacentistas. La contradicción no parecía embarazarlos sobremanera. Mario Pantaleoni y Michele Bianchi hablaban, por su parte, del proyectado Estado fascista como un Estado sindical. Y los revisionistas, de su lado, aparecían teñidos de un vago liberalismo. Las tesis de Massimo Rocca suscitaron la protesta de todos los extremistas. Y Massimo Rocca fue ex-confesado oficialmente por la secta fascista como un hereje peligroso. Mussolini no se mezclaba en estos debates. Ausente de la polémica, ocupaba virtualmente en el fascismo una posición centrista. Interrogado, cuidaba de no comprometerse con una respuesta demasiado precisa. "Después de todo, ¿qué importa el contenido teórico de un partido? Lo que le da la fuerza y la vida es su tonalidad, es su voluntad, es el ánima de aquéllos que lo constituyen".

Cuando el trabajo de definición del fascismo había llegado a este punto, sobrevino el asesinato de Matteotti. Al principio Mussolini anunció intención de depurar las filas fascistas. Esbozó, en un discurso en el Senado, bajo la presión de la tempestad desencadenada por el crimen, un plan de política normalizadora. A Mussolini le urgía en ése instante satisfacer a los elementos liberales que sostenían su gobierno. Pero todos sus esfuerzos por domesticar la opinión pública fracasaran. El fascismo comenzó a perder sus simpatizantes y sus aliados. Las defecciones de los elementos liberales y democráticos que, en un principio, por miedo a la revolución socialista, lo habían flanqueado y sostenido, aislaron gradualmente de toda opinión no fascista al gobierno de Mussolini. Este aislamiento empujó el fascismo a una posición cada día más beligerante. Prevaleció en el partido la mentalidad extremista. Mussolini solía aún usar, a veces, un lenguaje conciliador, con la esperanza de quebrantar o debilitar el espíritu combativo de la oposición; pero, en realidad, el fascismo volvía a una táctica guerrera. En la siguiente asamblea nacional, del partido fascista, dominó la tendencia extremista que tiene en Farinacci su *condottiere* más típico. Los revisionistas, encabezados por Bottai, capitularon en toda la línea. Luego, Mussolini nombró una comisión para la reforma del Estatuto de Italia. En la prensa fascista, reapareció la tesis de que el Estado demo-liberal debía ceder el paso al Estado fascista-unitario. Este estado de ánimo del partido fascista tuvo su más enfática y agresiva manifestación en el rechazo de la renuncia del diputado Giunta del cargo de Vicepresidente de la Cámara Giunta dimitió por haber demandado el Procurador del Rey autorización para procesarlo como responsable de la agresión al fascista disidente Cesare Forni. Y la mayoría fascista quiso ampararlo con una declaración estruendosa y explícita de solidaridad. Tal actitud no pudo ser mantenida. La mayoría fascista, en una votación posterior, la rectificó a regañadientes, constreñida por una tempestad de protestas. Mussolini necesitó emplear toda su autoridad para obligar a los diputados fascistas a la retirada. No consiguió, sin embargo, impedir que Michele Bianchi y Farinacci se declararan descontentos de esta maniobra oportunista, inspirada en consideraciones de táctica parlamentaria.

El super-fascismo, el ultra-fascismo, o como quiera llamársele; no tiene un solo matiz. Va del fascismo *rasista* o *escuadrista* de Farinacci al fascismo *integralista* de Michele Bianchi y Curzio Suckert. Farinacci encarna el espíritu de las escuadras de *camisas negras* que, después de entrenarse truculentamente en los *raids* punitivos contra los sindicatos y las cooperativas socialistas, marcharon sobre Roma para inaugurar la dictadura fascista. Farinacci es un hombre tempestuoso e incandescente a quien no le interesa da teoría sino la acción. Es el tipo más genuino del *ras* fascista. Tiene en un puño a la provincia de Cremona, donde dirige un diario *Cremona Nueva* que amenaza consuetudinariamente a los grupos y políticos de oposición con una segunda "oleada" fascista. La primera "oleada" fue la que condujo a la conquista de Roma. La segunda "oleada", según el léxico acérrimo de Farinacci, barrería a todos los adversarios del régimen fascista en una noche de San Bartolomé. Ex-ferroviario, ex-socialista, Farinacci tiene una psicología de agitador y de *condottiere*. En sus artículos y en sus discursos anda a cachiporrazos con la gramática. La prensa de oposición remarca frecuentemente esta característica de su prosa. Farinacci confunde en el mismo odio feroz la democracia, la gramática y el socialismo. Quiere ser, en todo instante, un genuino *camisa negra*. Más intelectuales, pero no menos apocalípticos que Farinacci, son los fascistas del diario *L´Impero* de Roma, Dirigen este diario dos escritores procedentes del futurismo, Mario Carli y Emilio Settimelli, que invitan al fascismo a liquidar definitivamente el régimen parlamentario. *L'Impero* es delirantemente imperialista. Armada del *hacha del lictor* la Italia fascista tiene, según *L'Impero*, una misión altísima en el actual capitulo de la historia del mundo. También preconiza *L'Impero* la segunda oleada fascista. Michele Bianchi y Curzio Suckert son los teóricos del fascismo integral. Bianchi bosqueja la técnica del estado fascista que concibe casi como un trust vertical de sindicatos o corporaciones. Suckert, director de *La Conquista dello Stato*, discurre filosóficamente.

Con esta tendencia convive, en el partido fascista, una tendencia moderada, conservadora, que no reniega el liberalismo ni el Renacimiento, que trabaja por la normalización del fascismo y que pugna por encarrilar el gobierno de Mussolini dentro de una legalidad burocrática. Forman el núcleo de la tendencia moderada los antiguos nacionalistas de *L´Idea Nazionale* absorbidos por el fascismo a renglón seguido del golpe de Estado. La ideología de estos nacionalistas es más o menos la misma de la vieja derecha liberal. Pávidos monarquistas, se oponen a que el golpe de estado fascista comprometa en lo menor las bases de la monarquía y del Estatuto. Federzoni, Paolucci, representan esta lona templada del fascismo.

Pero, por su mentalidad, por su temperamento y por sus antecedentes los fascistas del tipo de Federzoni y de Paolucci son los que menos encarnan el verdadero fascismo. Se trata, en su caso, de prudentes y mesurados conservadores. Ningún romanticismo exorbitante, ninguna desesperada nostalgia del Medioevo, los saca de quicio. No tienen psicología de *condottieri*. Farinacci, en cambio, es un ejemplar auténtico de fascista. Es el hombre de la cachiporra, provinciano, fanático, catastrófico, guerrero, en quien el fascismo no es un concepto, no es una teoría, sino, tan sólo, una pasión, un impulso, un grito, un "alalá"

LOS NUEVOS ASPECTOS DE LA BATALLA FASCISTA

El fascismo es la reacción, como casi todos lo saben o casi todos creen saberlo. Pero la Compleja realidad del fenómeno fascista no se deja captar íntegramente en una definición simplista y esquemática. El Directorio también es la reacción. Y, sin embargo, no se puede estudiar la reacción en el Directorio como en el fascismo. No sólo por desdén de la estupidez fanfarrona y condecorada de Primo de Rivera y de sus secuaces. No sólo por la convicción de que estos mediocrísimos tartarines son demasiado insignificantes y triviales para influir en el curso de la historia, Sino, sobre todo, porque el fenómeno reaccionario debe ser considerado y analizado ahí donde se manifiesta en toda su potencia, ahí donde señala la decadencia de una democracia antes vigorosa, ahí donde constituye la antítesis y el efecto de un extenso y profundo fenómeno revolucionario.

En Italia, la reacción nos ofrece su experimento máximo y su máximo espectáculo. El fascismo italiano representa, plenamente, la anti-revolución o, como se prefiera llamarla, la contra-revolución. La ofensiva fascista se explica, y se cumple, en Italia, como una consecuencia de una retirada o una derrota revolucionaria. El régimen fascista no se ha incubado en un casino. Se ha plasmado en el seno de una generación y se ha nutrido de las pasiones y de la sangre de una espesa capa social. Ha tenido, cual animador, cual caudillo, a un hombre del pueblo, intuitivo, agudo, vibrante, ejercitado en el dominio y en el comando y en la seducción de la muchedumbre, nacido para la polémica y para el combate y que, excluido de las filas socialistas, ha querido ser el *condottiere*, rencoroso e implacable, del anti-socialismo y ha marchado a la cabeza de la anti-revolución con la misma exaltación guerrera con que le habría gustado marchar a la cabeza de la revolución. El régimen fascista, finalmente, ha sustituido, en Italia, a un régimen parlamentario y democrático mucho más evolucionado y efectivo, que el asaz embrionario y ficticio liquidado, o simplemente interrumpido, en España, por el general Primo de Rivera. En la historia del fascismo, en suma, se siente latir activa, compacta y beligerante, la totalidad de las premisas y de los factores históricos y románticas, materiales y espirituales de una anti-revolución. El fascismo se formó en un ambiente de inminencia revolucionaria ambiente de agitación, de violencia, de demagogia y de delirio creado física y moralmente por la guerra, alimentado por la crisis post-bélica, excitado por la revolución rusa. En este ambiente tempestuoso, cargado de electricidad y de tragedia, se templaron sus nervios y sus bastones, y de este ambiente recibió la fuerza, la exaltación, y el espíritu. El fascismo, por el concurso de estos varios elementos, es un movimiento, una corriente, un proselitismo.

El experimento fascista, cualquiera que sea su duración, cualquiera que sea su desarrollo, aparece inevitablemente destinado a exasperar la crisis contemporánea, a minar las bases de la sociedad burguesa, a mantener la inquietud post-bélica. La democracia emplea contra la revolución proletaria las armas de su criticismo, su racionalismo, su escepticismo. Contra la revolución moviliza a la Inteligencia e invocada Cultura. El fascismo, en cambio, al misticismo revolucionario opone un misticismo reaccionario y nacionalista. Mientras los críticos *liberales* de la revolución rusa condenan en nombre de la civilización el culta de la violencia, los capitanes del fascismo lo proclaman y lo predican como su propio culto. Los teóricos del fascismo niegan y detractan las concepciones historicistas y evolucionistas que han mecido, antes de la guerra, la prosperidad y la digestión de la burguesía y que, después de la guerra, han intentado renacer reencarnadas en la Democracia y en la Nueva Libertad de Wilson y en otros evangelios menos puritanos.

El misticismo reaccionario y nacionalista, una vez instalado en el poder, no puede contentarse con el modesto oficio de conservar el orden capitalista. El orden capitalista es demo-liberal, es parlamentario, es reformista o transformista. Es, en el terreno económico o financiero, más o menos internacionalista. Es, sobre todo, un orden consustancial con la *vieja política*. ¿Y qué misticismo reaccionario o nacionalista no se amasa con un poco de odio o de detractación de la *vieja política* parlamentaria y democrática, acusada de abdicación o de debilidad ante la "demagogia socialista" y el "peligro comunista"? ¿No es éste, tal: vez, uno de los más monótonos *ritornellos* de las derechas francesas, de las derechas alemanas, de todas las derechas? Por consiguiente, la reacción, arribada al poder, no se conforma con *conservar*; pretende *rehacer*. Puesto que reniega el presente, no puede conservarlo ni continuarlo: tiene que tratar de rehacer el pasado. El pasado que se condensa en estas normas: principio de autoridad, gobierno de una jerarquía religión del Estado, etc. O sea las normas que la revolución burguesa y liberal desgarró, destruyo porque entrababan el desarrollo de la economía capitalista. Y acontece, por tanto que, mientras la reacción se limita a decretar el ostracismo de la Libertad y a reprimir la Revolución, la burguesía bate palmas; pero luego, cuando la reacción empieza a atacar los fundamentos de su poder y de su riqueza, la burguesía siente la necesidad urgente de licenciar a sus bizarros defensores. La experiencia Italiana es extraordinariamente instructiva a este respecto. En Italia, la burguesía saludó al fascismo como a un salvador. La Terza Italia cambió la garibaldina camisa roja por la mussoliniana camisa negra. El capital industrial y agrario, financiaron y armaron a las brigadas fascistas. El golpe de estado fascista obtuvo el consenso de la mayoría de la Cámara. El liberalismo se inclinó ante el principio de autoridad. Pocos liberales, pocos demócratas, rehusaron enrolarse en el séquito del Duce. Entre los parlamentarios, Nitti, Amendola, Albertini. Entre los escritores, Guglielmo Ferrero, Mario Missiroli, algunos otros. Los clásicos líderes del liberalismo, —Salandra, Orlando, Giolitti— con más o menos intensidad, concedieron su confianza a la dictadura. Transitoriamente la adhesión o la confianza de esa gente, resultó embarazosa para el fascismo; le imponía un trabajo de absorción, superior a sus fuerzas, superior a sus posibilidades. El espíritu fascista no podía actuar libremente si no digería y absorbía antes el espíritu liberal. En la imposibilidad de elaborarse una ideología propia, el fascismo corría el riesgo de adoptar, más o menos atenuada, la ideología liberal que lo envolvía.

La tormenta política desencadenada por el asesinato de Matteotti aportó una solución para este problema. El liberalismo se separó del fascismo. Giolitti, Orlando. Salandra, *Il Giornale d'Italia*, etc., asumieron una actitud de oposición. No siguieron al bloque de oposición a su retiro del Aventino. Permanecieron en la Cámara. Parlamentarios orgánicos, no pedían hacer otra cosa. El fascismo quedó aislado. A sus flancos no continúan sino algunos liberales-nacionales y algunos católicos-nacionales, esto es, los elementos más nacionalistas y conservadores de los antiguos partidos. Las oposiciones esperaban forzar así al fascismo a dejar el poder. Pensaban que, hecho el vacío a su alrededor, el fascismo caería automáticamente. Los comunistas combatieron esta ilusión. Propusieron a la oposición del Aventino su constitución en parlamento del pueblo. Frente al parlamento fascista de Montecitorio debía funcionar el parlamento antifascista del Aventino. Había que llevar, a sus últimas consecuencias políticas e históricas, el boicot de la Cámara. Pero ésta era, franca y neta, la vía de la revolución. Y el bloque del Aventino no es revolucionario. Se siente y se proclama *normalizador*. La invitación comunista no pudo, pues, ser aceptada. El bloque del Aventino se contentó con plantear la famosa cuestión moral la oposición aventiniana rehusaba volver a la Cámara mientras ejerciesen el poder, cubiertos por el voto de su mayoría, los hombres sobre quienes pesaba la responsabilidad del asesinato de Matteotti, responsabilidad que bajo un gobierno fascista, la justicia se encontraba coactada para esclarecer y examinar.

Mussolini respondió a esta declaración de intransigencia con una maniobra política. Envió a la Cámara un proyecto de ley electoral. En la práctica parlamentaria italiana este trámite precede y anuncia la convocatoria a elecciones políticas. ¿Se abstendrían también los partidos del Aventino de concurrir a las elecciones? El bloque as ratificó en su intransigencia. Insistió en la tacha moral. La prensa de oposición publicó un memorial de Cessare Rossi, escrito por éste antes de su arresto, en el cual el presunto mandante del asesinato de Matteotti acusa a Mussolini. La tacha estaba documentada. Pero la dialéctica de la oposición reposaba en un equivoco. La cuestión moral no podía dominar la cuestión política. Tenía, antes bien, que suceder lo contrario. La cuestión moral era impotente para decidir al fascismo a marcharse del gobierno.

Mussolini se lo recordó a la oposición en su acre discurso del 3 de enero en la Cámara. El preámbulo de su discurso fue la lectura del artículo 47 del Estatuto de Italia que otorga a la Cámara de Diputados el derecho de acusar a los Ministros del Rey y de enviarlos ante la alta Corte de Justicia. "Pregunto formalmente —dijo— si en esta Cámara o fuera de aquí existe alguien que se quiera valer del artículo 47". Y, luego, con dramática entonación, reclamó para si todas las responsabilidades del fascismo. "Si el fascismo —declaró— no ha sido sino óleo de ricino y cachiporra, y no una pasión soberbia de la mejor juventud italiana, ¡a mi la culpa! Si el fascismo ha sido una asociación de delinquir, bien, ¡yo soy el jefe y el responsable de esta asociación de delinquir! Si todas las violencias han sido el resultado de un determinado clima histórico, político y moral, bien, ¡a mí la responsabilidad, porque este clima histórico, político y moral lo he creado yo!" Y anunció, en seguida, que en cuarentiocho horas la situación quedaría aclarada. ¿Cómo ha cumplido su palabra? En una manera tan simple como notoria. Sofocando casi totalmente la libertad de prensa. La oposición; privada casi de la tribuna de la prensa, resulta perentoria y rudamente invitada a tornar a la tribuna del parlamento. En el Aventino se prepara ya el retorno a la Cámara.

En un reciente articulo de la revista *Gerarchia* titulado "Elogio a los Gregarios", Mussolini revista marcialmente las peripecias de la batalla. Polemiza con la oposición. Y exalta la disciplina de sus tropas. "La disciplina del fascismo —escribe— tiene verdaderamente aspectos de religión". En esta disciplina reconoce "el ánimo de la gente que en las trincheras ha aprendido a conjugar, en todos los modos y tiempos, el verbo sagrado de todas las religiones: obedecer" y "el signo de la nueva Italia que se despoja una vez por todas de la vieja mentalidad anarcoide con la intuición de que únicamente en la silenciosa coordinación de todas las fuerzas, a las órdenes toria".

Aislado, bloqueado, boicoteado, el fascismo de viene más beligerante, más combativo, más Intransigente. La oposición liberal y democrática lo ha devuelto a sus orígenes. El ensayo reaccionario, libre del lastre que antes lo entrababa y enervaba interiormente, puede ahora cumplirse en toda su integridad. Esto explica el interés que, como experiencia histórica, tiene para sus contemporáneos la batalla fascista.

El fascismo, que durante dos años se había contentado casi con representar en el poder el papel de gendarme del capitalismo, pretende hoy reformar sustancialmente el Estatuto de Italia. Se propone, según sus líderes y su prensa, crear el Estado fascista. Insertar la revolución fascista en la Constitución italiana. Una comisión de dieciocho legisladores fascistas, presidida por el filósofo Giovanni Gentile, prepara esta reforma constitucional. Farinacci, líder del extremismo fascista, llamado en esta emergencia a la secretaria general del partido, declara que el fascismo "ha perdido dos años y medio en el poder". Ahora, liberado de la pesada alianza de los liberales, purgado de los residuos de la vieja política, se propone recuperar el tiempo perdido. Todos los capitanes del fascismo hablan un lenguaje más exaltado y místico que nunca. El fascismo quiere ser una religión. Giovanni Gentile en un ensayo sobre los "caracteres religiosos de la presente lucha política", observa que "hoy se rompen, en Italia, a causa del fascismo, aquellos que parecían hasta ayer los más sólidos vínculos personales de amistad y de familia". Y de esta guerra, el filósofo del idealismo no se duele. El filósofo del idealismo es, desde hace algún tiempo, el filósofo de la violencia. Recuerda, en su ensayo, las palabras de Jesucristo: *Non veni pacem mittere, sed gladium. Ignem veni mittere in terram.* Y remarca, a propósito de la cuestión moral, que "esta tonalidad religiosa de la psicología fascista ha generado la misma tonalidad en la psicología antifascista".

Giovanni Gentile, poseído de la fiebre de su facción, exagera ciertamente. En el Aventino no ha prendido aún la llama religiosa. Menos aún ha prendido, ni puede prender, en Giolitti. Giolitti y el Aventino representan el espíritu y la cultura demo-liberales con todo su escepticismo, con todo su racionalismo, con todo su criticismo. La lucha presente devolverá al espíritu liberal un poro de su antigua fuerza combativa. Pero no logrará que renazca como fe, como pasión, como religión. El programa del Aventino y de Giolitti es la *normalización*. Y por su mediocridad, este programa no puede sacudir a las masas, no puede exaltarlas, no puede conducirlas contra el régimen fascista. Sólo en el misticismo revolucionario de los comunistas se constatan los caracteres religiosos que Gentile descubre en el misticismo reaccionario de los fascistas. La batalla final no se librará, por esto, entre el fascismo y la democracia.

La escena contemporánea: II.- La crisis de la democracia

II.- La crisis de la democracia

La escena contemporánea José Carlos Mariátegui

WILSON

TODOS los sectores de la política y del pensamiento coinciden en reconocer a Woodrow Wilson una mentalidad elevada, una psicología austera y una orientación generosa. Pero tienen, como es natural, opiniones divergentes sobre la trascendencia de su ideología y sobre su posición en la historia. Los hombres de la derecha, que son tal vez los más distantes de la doctrina de Wilson, lo clasifican como un gran iluso, como un gran utopista. Los hombres de la izquierda, lo consideran como el último caudillo del liberalismo y la democracia. Los hombres del centro lo exaltan como el apóstol de una ideología clarividente que, contrariada hasta hoy por los egoísmos nacionales y las pasiones bélicas, conquistará al fin la conciencia de la humanidad.

Estas diferentes opiniones y actitudes señalan a Wilson como un líder centrista y reformista. Wilson no ha sido, evidentemente, un político del tipo de Lloyd George, de Nitti ni de Caillaux. Más que contextura de político ha tenido contextura de ideólogo, de maestro, de predicador. Su idealismo ha mostrado, sobre todo, una base y una orientación éticas. Mas éstas son modalidades de carácter y de educación. Wilson se ha diferenciado, por su temperamento religioso y universitario, de los otros líderes de la democracia. Por su filiación, ha ocupado la misma zona política. Ha sido un representante genuino de la mentalidad democrática, pacifista y evolucionista. Ha intentado conciliar el orden viejo con el orden naciente, el internacionalismo con el nacionalismo, el pasado con el futuro.

Wilson fue el verdadero generalísimo de la victoria aliada. Los más hondos críticos de la guerra mundial piensan que la victoria fue una obra de estrategia política y no una obra de estrategia militar. Los factores psicológicos y políticos tuvieron en la guerra más influencia y más importancia que los factores militares. Adriano Tilgher escribe que la guerra fue ganada "por aquellos gobiernos que supieron conducirla con una mentalidad adecuada, dándole fines capaces de convertirse en mitos, estados de ánimo, pasiones y sentimientos populares" y que "nadie más que Wilson, con su predicación cuáquero-democrática, contribuyó a reforzar en los pueblos de la Entente la persuasión de la justicia de su causa y el propósito de continuar la guerra hasta la victoria final" Wilson, realmente, hizo de la guerra contra Alemania una *guerra santa*. Antes que Wilson, los estadistas de la Entente habían bautizado la causa aliada como la causa de la libertad y del derecho. Tardieu en su libro *La Paz*, cita algunas declaraciones de Lloyd George y Briand que contenían los gérmenes del programa wilsoniano. Pero en el lenguaje de los políticos de la Entente había una entonación convencional y diplomática. El lenguaje de Wilson tuvo, en cambio, todo el fuego religioso y todo el timbre profético necesarios para emocionar a la humanidad. Los Catorce Puntos ofrecieron a los alemanes una paz justa, equitativa, generosa, una paz sin anexiones ni indemnizaciones, una paz que garantizaría a todos los pueblos igual derecho a la vida y a la felicidad. En sus proclamas y en sus discursos, Wilson decía que los aliados no combatían contra el pueblo alemán sino contra la casta aristocrática y militar que lo gobernaba.

Y esta propaganda demagógica, que tronaba contra las aristocracias, que anunciaba el gobierno de las muchedumbres y que proclamaba que "la vida brota de la tierra", de un lado fortificó en los países aliados la adhesión de las masas a la guerra y de otro lado debilitó en Alemania y en Austria la voluntad de resistencia y de lucha. Los catorce, puntos prepararon el quebrantamiento del frente ruso-alemán más eficazmente que los tanques, los cañones y los soldados de Foch y de Díaz, de Haig y de Pershing. Así lo prueban las memorias de Ludendorf y de

Erzberger y otros documentos de la derrota alemana. El programa wilsoniano estimuló el humor revolucionario que fermentaba en Austria y Alemania; despertó en Bohemia y Hungría antiguos ideales de independencia; creó, en suma, el estado de ánimo que engendró la capitulación.

Mas Wilson ganó la guerra y perdió la paz. Fue el vencedor de la guerra, pero fue el vencido de la paz. Sus Catorce Puntos minaron el frente austro-alemán, dieron la victoria a los aliados; pero, no consiguieron inspirar y dominar el tratado de paz. Alemania se rindió a los aliados sobre la base del programa de Wilson; pero los aliados, después de desarmarla, le impusieron una paz diferente de la que, por boca de Wilson, le habían prometido solemnemente. Keynes y Nitti sostienen, por esto, que el tratado de Versalles es un tratado deshonesto.

¿Por qué aceptó y suscribió Wilson este tratado que viola su palabra? Los libros de Keynes, de Lansing, de Tardieu y de otros historiadores de la conferencia de Versalles explican diversamente esta actitud. Keynes dice que el pensamiento y el carácter de Wilson "eran más bien teológicos que filosóficos, con toda la fuerza y la debilidad que implica este orden de ideas y de sentimientos". Sostiene que Wilson no pudo luchar contra Lloyd George y Clemenceau, ágiles, flexibles, astutos. Alega que carecía de un plan tanto para la Sociedad de las Naciones como para la ejecución de sus catorce puntos. "Habría podido predicar un sermón a propósito de todos sus principios o dirigir una magnífica plegaria al Todopoderoso para su realización. Pero no podía adaptar su aplicación concreta al estado de cosas europeo. No sólo no podía hacer ninguna proposición concreta sino que a muchos respectos se encontraba mal informado de la situación de Europa". Actuaba orgullosamente aislado, sin consultar casi a los técnicos de su séquito, sin conceder a ninguno de sus lugartenientes, ni aún al coronel House, una influencia o una colaboración reales en su obra. Por tanto, los trabajos de la conferencia de Versalles tuvieron como base un plan francés o un plan inglés, aparentemente ajustados al programa wilsoniano, pero prácticamente dirigidos al prevalecimiento de los intereses de Francia e Inglaterra. Wilson, finalmente, no se sentía respaldado por un pueblo solidarizado con su ideología. Todas estas circunstancias lo condujeron a una serie de transacciones. Su único empeño consistía en salvar la idea de la Sociedad de las Naciones. Creía que la creación de la Sociedad de las Naciones aseguraría automáticamente la corrección del tratado y de sus defectos.

Los años que han pasado desde la suscripción de la paz han sino adversos a la ilusión de Wilson. Francia no sólo ha hecho del tratado de Versalles un uso prudente sino un uso excesivo. Poincaré y su mayoría parlamentaria no lo han empleado contra la casta aristocrática y militar alemana sino contra el pueblo alemán. Más aún, han exasperado a tal punto el sufrimiento de Alemania que han alimentado en ella una atmósfera reaccionaria y jingoísta, propicia a una restauración monárquica o a una dictadura militar. La Sociedad de las Naciones, impotente y anémica, no ha conseguido desarrollarse. La democracia asaltada simultáneamente por la revolución y la reacción, ha entrado en un período de crisis aguda. La burguesía ha renunciado en algunos países a la defensa legal de su dominio, ha apostatado de su fe democrática y ha enfrentado su dictadura a la teoría de la dictadura del proletariado. El fascismo ha administrado, en el más benigno de los casos, una dosis de un litro de aceite castor a muchos fautores de la ideología wilsoniana. Ha renacido ferozmente en la humanidad el culto del héroe y de la violencia. El programa wilsoniano aparece en la historia de estos tiempos como la última manifestación vital del pensamiento democrático. Wilson no ha sido, en ningún caso, el creador de una ideología nueva sino el frustrado renovador de una ideología vieja.

LA SOCIEDAD DE LAS NACIONES

Wilson fue el descubridor oficial de la idea de la Sociedad de las Naciones. Pero Wilson la extrajo del ideario del liberalismo y de la democracia. El pensamiento liberal y democrático ha contenido siempre los gérmenes de una aspiración pacifista e internacionalista. La civilización burguesa ha internacionalizado la vida de la humanidad. El desarrollo del capitalismo ha exigido la circulación internacional de los productos. El capital se ha expandido, conectado y asociado por encima de las fronteras. Y, durante algún tiempo ha sido, por eso, libre-cambista y pacifista. El programa de Wilson no fue, en consecuencia, sino un retorno del pensamiento burgués a su inclinación internacionalista.

Pero el programa wilsoniano encontraba, fatalmente, una resistencia invencible en los intereses y anhelos nacionalistas de las potencias vencedoras. Y, por ende, estas potencias lo sabotearon y frustraron en la conferencia de la paz. Wilson, constreñido a transigir por la habilidad y la agilidad de los estadistas aliados, pensó entonces que la fundación de la Sociedad de las Naciones compensaría el sacrificio de cualquiera de sus Catorce Puntos. Y esta obstinada idea suya fue descubierta y explotada por los perspicaces políticos de la Entente.

El proyecto de Wilson resultó sagazmente deformado, mutilado y esterilizado. Nació en Versalles una Sociedad de las Naciones endeble, limitada, en la cual no tenían asiento los pueblos vencidos, Alemania, Austria, Bulgaria, etc., y en la cual faltaba, además, Rusia, un pueblo de ciento treinta millones de habitantes, cuya producción y cuyo consumo son indispensables al comercio y a la vida del resto de Europa.

Más tarde, reemplazado Wilson por Harding, los Estados Unidos abandonaron el pacto de Versalles. La Sociedad de las Naciones, sin la intervención de los Estados Unidos, quedó reducida a las modestas proporciones de una liga de las potencias aliadas y de su clientela de pequeñas o inermes naciones europeas, asiáticas y americanas. Y, como la cohesión de la misma Entente se encontraba minada por una serie de intereses rivales, la Liga no pudo ser siquiera, dentro de sus reducidos confines, una alianza o una asociación solidaria y orgánica.

La Sociedad de las Naciones ha tenido, por todas estas razones, una vida anémica y raquítica. Los problemas económicos y políticos de la paz no han sido discutidos en su seno, sino en el de conferencias y reuniones especiales. La Liga ha carecido de autoridad, de capacidad y de jurisdicción para tratarlos. Los gobiernos de la Entente no le han dejado sino asuntos de menor cuantía y han hecho de ella algo así como un juzgado de paz de la justicia internacional. Algunas cuestiones trascendentes —la reducción de los armamentos, la reglamentación del trabajo, etc., — han sido entregadas a su dictamen y a su voto. Pero la función de la Liga en estos campos se ha circunscrito al allegamiento de materiales de estudio o a la emisión de recomendaciones que, a pesar de su prudencia y ponderación, casi ningún gobierno ha ejecutado ni oído. Un organismo dependiente de la Liga —la Oficina Internacional del Trabajo— ha sancionado, por ejemplo, ciertos derechos del trabajo, la jornada de ocho horas entre otros; y, a renglón seguido, el capitalismo ha emprendido, en Alemania, en Francia y en otras naciones, una ardorosa campaña, ostensiblemente favorecida por el Estado, contra la jornada de ocho horas. Y la cuestión de la reducción de los armamentos, en cuyo debate la Sociedad de las Naciones no ha avanzado casi nada, fue en cambio, abordada en Washington, en una conferencia extraña e indiferente a su existencia.

Con ocasión del conflicto ítalo-greco, la Sociedad de las Naciones sufrió un nuevo quebranto. Mussolini se rebeló altisonantemente contra su autoridad. Y la Liga no pudo reprimir ni moderar este ácido gesto de la política marcial e imperialista del líder de los *camisas negras*.

Los fautores de la democracia no desesperan, sin embargo, de que la Sociedad de las Naciones adquiera la autoridad y la capacidad que le faltan. Funcionan actualmente en casi todo el mundo agrupaciones de propaganda de las finalidades de la Liga, encargadas de conseguir para ella la adhesión y el respeto reales de todos los pueblos. Nitti propugna su reorganización sobre estas bases: adhesión de los Estados Unidos e incorporación de los países vencidos. Keynes mismo, que tiene ante la Sociedad de las Naciones una actitud agudamente escéptica y desconfiada, admite la posibilidad de que se transforme en un poderoso instrumento de paz. Ramsay Mac Donald, Herriot, Painlevé, Boncour, la colocan bajo su protección y su auspicio. Los corifeos de la democracia dicen que un organismo como la Liga no puede funcionar eficientemente sino después de un extenso período de experimento y a través de un lento proceso de desarrollo.

Mas las razones sustantivas de la impotencia y la ineficacia actuales de la Sociedad de las Naciones no son su juventud ni su insipiencia. Proceden de la causa general de la decadencia y del desgastamiento del régimen individualista. La posición histórica de la Sociedad de las Naciones es, precisa y exactamente, la misma posición histórica de la democracia y del liberalismo. Los políticos de la democracia trabajan por una transacción, por un compromiso entre la idea conservadora y la idea revolucionaria. Y la Liga congruentemente con esta orientación, tiende a conciliar el nacionalismo del Estado burgués con el internacionalismo de la nueva humanidad. El conflicto entre nacionalismo e internacionalismo es la raíz de la decadencia del régimen individualista. La política de la burguesía es nacionalista; su economía es internacionalista. La tragedia de Europa consiste, justamente, en que renacen pasiones y estados de ánimo nacionalistas y guerreros, en los cuales encallan todos los proyectos de asistencia y de cooperación internacionales encaminados a la reconstrucción europea.

Aunque adquiriese la adhesión de todos los pueblos de la civilización occidental la Sociedad de las Naciones no llenaría el rol que sus inventores y preconizadores le asignan. Dentro de ella se reproducirían los conflictos y las rivalidades inherentes a la estructura nacionalista de los Estados. La Sociedad de las Naciones juntaría a los delegados de los pueblos; pero no juntaría a los pueblos mismos. No eliminaría los contrastes y los antagonismos que los separan y los enemistan. Subsistirían, dentro de la Sociedad, las alianzas, y los pactos que agrupan a las naciones en bloques rivales.

La extrema izquierda mira en la Sociedad de las Naciones una asociación de Estados burgueses, una organización internacional de la clase dominante. Mas los políticos de la democracia han logrado atraer a la Sociedad de las Naciones a los líderes del proletariado social-democrático. Alberto Thomas, el Secretario de la Oficina Internacional del Trabajo, procede de los rangos del socialismo francés. Es que la división del campo proletario en maximalismo y minimalismo tiene ante la Sociedad de las Naciones las mismas expresiones características que respecto a las otras formas e instituciones de la democracia.

La ascensión del *Labour Party* al gobierno de Inglaterra, inyectó un poco de optimismo y de vigor en la democracia. Los adherentes de la ideología democrática, centrista, evolucionista, predijeron la bancarrota de la reacción y de las derechas. Constataron con entusiasmo la descomposición del Bloque Nacional francés, la crisis del fascismo italiano, la incapacidad del Directorio español y el desvanecimiento de los planes *putschistas* de los pangermanistas alemanes.

Estos hechos pueden indicar, efectivamente, el fracaso de las derechas, el fracaso de la reacción. Y pueden anunciar un nuevo, retorno al sistema democrático y a la praxis evolucionista. Pero otros hechos más hondos, extensos y graves revelan, desde hace tiempo, que la crisis mundial es una crisis de la democracia, sus métodos y sus instituciones. Y que, a través de tanteos y de movimientos contradictorios, la organización de la sociedad se adapta lentamente a un nuevo ideal humano.

LLOYD GEORGE

Lenin es el político de la revolución; Mussollini es el político de la reacción; Lloyd George es el político del compromiso, de la transacción, de la reforma. Ecléctico, equilibrista y mediador, igualmente lejano de la izquierda y de la derecha, Lloyd George no es un fautor del orden nuevo ni del orden viejo. Desprovisto de toda adhesión al pasado y de toda impaciencia del porvenir, Lloyd George no desea ser sino un artesano, un constructor del presente. Lloyd George es un personaje sin filiación dogmática, sectaria, rígida. No es individualista ni colectivista; no es internacionalista ni nacionalista. Acaudilla el liberalismo británico. Pero esta etiqueta de liberal corresponde a una razón de clasificación electoral más que a una razón de diferenciación programática. Liberalismo y conservadorismo son hoy dos escuelas políticas superadas y deformadas. Actualmente no asistimos a un conflicto dialéctico entre el concepto liberal y el concepto conservador sino a un contraste real, a un choque histórico entre la tendencia a mantener la organización capitalista de la sociedad y la tendencia a reemplazarla con una organización socialista y proletaria.

Lloyd George no es un teórico, un hierofante de ningún dogma económico ni político; es un conciliador casi agnóstico. Carece de puntos de vista rígidos. Sus puntos de vista son provisorios, mutables, precarios y móviles. Lloyd George se nos muestra en constante rectificación, en permanente revisión de sus ideas. Está, pues, inhabilitado para la apostasía. La apostasía su- pone traslación de una posición extremista a otra posición antagónica, extremista también. Y Lloyd George ocupa invariablemente una posición centrista, transaccional, intermedia. Sus movimientos de traslación no son, por consiguiente, radicales y violentos sino graduales y mínimos. Lloyd George es, estructuralmente, un político posibilista. Piensa que la línea recta es, en la política como en la geometría, una línea teórica e imaginaria. La superficie de la realidad política es accidentada como la superficie de la Tierra. Sobre ella no se pueden trazar líneas rectas sino líneas geodésicas. Loyd George, por esto, no busca en la política la ruta más ideal sino la ruta más geodésica.

Para este cauto, redomado y perspicaz político el hoy es una transacción entre el ayer y el mañana. Lloyd George no se preocupa de lo que fue ni de lo que será, sino de lo que es.

Ni docto ni erudito, Lloyd George es, antes bien, un tipo refractario a la erudición y a la pedantería. Esta condición y su falta de fe en toda doctrina lo preservan de rigideces ideológicas y de principiamos sistemáticos. Antípoda del catedrático, Lloyd George es un político de fina sensibilidad, dotado de órganos ágiles para la percepción original, objetiva y cristalina de los hechos. No es un comentador ni un espectador sino un protagonista, un actor consciente de la historia. Su retina política es sensible a la impresión veloz y estereoscópica del panorama circundante. Su falta de aprehensiones y de escrúpulos dogmáticos le consiente usar los procedimientos y los instrumentos más adaptados a sus intentos. Lloyd George asimila y absorbe instantáneamente las sugestiones y las ideas útiles a su orientamiento espiritual. Es avisado, sagaz y fléxiblemente oportunista. No se obstina jamás. Trata de modificar la realidad contingente, de acuerdo con sus previsiones, pero si encuentra en esa realidad excesiva resistencia, se contenta con ejercitar sobre ella una influencia mínima. No se obceca en una ofensiva inmatura. Reserva su insistencia, su tenacidad, para el instante propicio, para la coyuntura oportuna. Y está siempre pronto a la transacción, al compromiso. Su táctica de gobernante consiste en no reaccionar bruscamente contra las impresiones y las pasiones populares, sino en adaptarse a ellas para encauzarlas y dominarlas mañosamente.

La colaboración de Lloyd George en la Paz de Versalles, por ejemplo, está saturada de su oportunismo y su posibilismo. Lloyd George comprendió que Alemania no podía pagar una indemnización excesiva. Pero el ambiente delirante, frenético, histérico, de la victoria, lo obligó a adherirse, provisoriamente, a la tesis contraria. El contribuyente inglés, deseoso de que los gastos bélicos no pesasen sobre su renta, mal informado de la capacidad económica de Alemania, quería que ésta pagase el costo integral de la guerra. Bajo la influencia de ese estado de ánimo, se efectuaron las elecciones, presurosamente convocadas por Lloyd George a renglón seguido del armisticio. Y para no correr el riesgo de una derrota, Lloyd George tuvo que recoger en su programa electoral esa aspiración del elector inglés. Tuvo que hacer suyo el programa de paz de Lord Northcliffe y del *Times*, adversarios sañudos de su política.

Igualmente Lloyd George era opuesto a que el. Tratado mutilase, desmembrase a Alemania y engrandeciese territorialmente a Francia. Percibía el peligro de desorganizar y desarticular la economía de Alemania. Combatió, por consiguiente, la ocupación militar de la ribera izquierda del Rhin. Resistió a todas las conspiraciones, francesas contra la unidad alemana. Pero, concluyó tolerando que se filtraran en el Tratado. Quiso, ante todo, salvar la Entente y la Paz. Pensó que no era la oportunidad de frustrar las intenciones francesas. Que, a medida que los espíritus se iluminasen y que el delirio de la victoria se extinguiese, se abriría paso automáticamente la rectificación paulatina del Tratado. Que sus consecuencias, preñadas de amenazas para el porvenir europeo, inducirían a todos los vencedores a aplicarlo con prudencia y lenidad. Keynes en sus *Nuevas consideraciones sobre las consecuencias económicas de la Paz* comenta así esta gestión: "Lloyd George ha asumido las responsabilidad de un tratado insensato, inejecutable en parte, que constituía un peligro para la vida misma de Europa. Puede alegar, una vez admitidos todos sus defectos, que las pasiones ignorantes del público juegan en el mundo un rol que deben tener en cuenta quienes conducen una democracia. Puede decir que la Paz de Versalles constituía la mejor reglamentación provisoria que permitían las reclamaciones populares y el carácter de los jefes de Estado. Puede afirmar que, para defender la vida de Europa, ha consagrado durante dos años su habilidad y su fuerza a evitar y moderar el peligro".

Después de la paz, de 1920 a 1922, Lloyd George ha hecho sucesivas concesiones formales, protocolarias, al punto de vista francés: ha aceptado el dogma de la intangibilidad, de la infalibilidad del Tratado. Pero ha trabajado perseverantemente para-atraer a Francia a una política tácitamente revisionista. Y para conseguir el olvido de las estipulaciones más duras, el abandono de las cláusulas más imprevisoras. Frente a la revolución rusa, Lloyd George ha tenido una actitud elástica. Unas veces se ha erguido, dramáticamente, contra ella; otras veces ha coqueteado con ella a hurtadillas. Al principio, suscribió la política de bloqueo y de intervención marcial de la Entente. Luego, convencido de la consolidación de las instituciones rusas, preconizó su reconocimiento. Posteriormente con verbo encendido y enfático, denunció a los bolcheviques como enemigos de la civilización.

Tiene Lloyd George en el sector burgués, una visión más europea que británica —o británica y por esto europea— de la guerra social, de la lucha de clases. Su política se inspira en los intereses generales del capitalismo occidental. Y recomienda el mejoramiento del tenor de vida de los trabajadores europeos, a expensas de las poblaciones coloniales de Asia, África, etc. La revolución social es un fenómeno de la civilización capitalista, de la civilización europea, El régimen capitalista —a juicio de Lloyd George— debe adormecerla, distribuyendo entre los trabajadores de Europa una parte de las utilidades obtenidas de los demás trabajadores del mundo. Hay que extraer del bracero asiático, africano, australiano o americano los chelines necesarios para aumentar el confort y el bienestar del obrero europeo y debilitar su anhelo de justicia social. Hay que organizar la explotación de las naciones coloniales para que abastezcan de materias primas a las naciones capitalistas y absorban íntegramente su producción industrial. A Lloyd George, además, no le repugna ningún sacrificio de la idea conservadora, ninguna transacción con la idea revolucionaria. Mientras los reaccionarios quieren reprimir marcialmente la revolución, los reformistas quieren pactar con ella y negociar con ella. Creen que no es posible asfixiarla, aplastarla, sino, más bien, domesticarla.

Entre la extrema izquierda y la extrema derecha, entre el fascismo y el bolchevismo, existe todavía una heterogénea zona intermedia, psicológica y orgánicamente democrática y evolucionista, que aspira a un acuerdo, a una transacción entre la idea conservadora y la idea revolucionaria. Lloyd George es uno de los líderes sustantivos de esa zona templada de la política. Algunos le atribuyen un íntimo sentimiento demagógico. Y lo definen como un político nostálgico de una posición revolucionaria. Pero este juicio está hecho a base de datos superficiales de la personalidad de Lloyd George. Lloyd George no tiene aptitudes espirituales para ser un caudillo revolucionario ni un caudillo reaccionario. Le falta fanatismo, le falta dogmatismo, le falta pasión. Lloyd George es un relativista de la política. Y, como todo relativista, tiene ante la vida una actitud un poco risueña, un poco cínica, un poco irónica y un poco humorista.

EL SENTIDO HISTORICO DE LAS ELECCIONES INGLESAS DE 1924

Seria y objetivamente consideradas, las elecciones inglesas de 1924 son un hecho histórico mucho más trascendente, mucho más grave que una mera victoria de los viejos *tories*. Significan la liquidación, definitiva acaso, del secular sistema político de los *whigs* y los *tories*. Este sistema bipartito funcionó, más o menos rítmicamente, hasta la guerra mundial. La postguerra aceleró el engrosamiento del partido laborista y produjo, provisoriamente, un sistema tripartito. En las elecciones de 1923 ninguno de los tres partidos consiguió mayoría parlamentaria. Llegaron así los laboristas al poder que han ejercido controlados no por una sino por dos oposiciones. Su gobierno ha sido un episodio transitorio dependiente de otro episodio transitorio: el sistema tripartito.

Con las nuevas elecciones no es sólo el gobierno lo que cambia en Inglaterra. Lo que cambia, sobre todo, íntegramente, es el argumento y el juego de la política británica. Este argumento y ese juego no son ya una dulce beligerancia y un cortés diálogo entre conservadores y liberales. Son ahora un dramático conflicto y una acérrima polémica entre la burguesía y el proletariado. Hasta la guerra, la burguesía británica dominaba íntegramente la política nacional, desdoblada en dos bandos, en dos facciones. Hasta la guerra, se dio el lujo de tener dos ánimas, dos mentalidades dos cuerpos. Ahora ese lujo, por primera vez en su vida, le resulta inasequible. Estos terribles tiempos de carestía la constriñen a la economía, al ahorro, a la cooperación.

Los que actualmente tienen derecho para sonreír son, por ende, los críticos marxistas. Lan elecciones inglesas confirman las aserciones de la lucha de las clases y del materialismo histórico. Frente a frente no están hoy, como antes, dos partidos sino dos clases.

El vencido no es el socialismo sino el liberalismo. Los liberales y los conservadores han necesitado entenderse y unirse para batir a los laboristas. Pero las consecuencias de este pacto las han pagado los liberales. A expensas de los liberales, los conservadores han obtenido una mayoría parlamentaria que les consiente acaparar solos el gobierno. Los laboristas han perdido diputaciones que los conservadores y liberales no les han disputado, esta vez, separada sino mancomunadamente. El conchabamiento de conservadores y liberales, ha disminuido su poder parlamentario; no su poder electoral. Los liberales, en tanto, han visto descender junto con el número de sus diputados el número de sus electores. Su clásica potencia parlamentaria ha quedado prácticamente anulada. El antiguo partido liberal ha dejado de ser un partido de gobierno. Privado hasta de su líder Asquith, es actualmente una exigua y decapitada patrulla parlamentaria.

Este es, evidentemente, el sino del liberalismo en nuestros tiempos. Donde el capitalismo asume la ofensiva contra la revolución, los liberales son absorbidos por los conservadores. Los liberales británicos han capitulado hoy ante los *tories*, como los liberales italianos capitularon ayer ante los fascistas. También la era fascista se inauguró con el consenso de la mayoría de la clase burguesa de Italia. La burguesía deserta en todas partes del liberalismo.

La crisis contemporánea es una crisis del Estado demo-liberal. La Reforma protestante y el liberalismo han sido el motor espiritual y político de la sociedad capitalista. Quebrantando el régimen feudal, franquearon el camino a la economía capitalista, a sus instituciones y a sus máquinas. El capitalismo necesitaba para prosperar que los hombres tuvieran libertad de conciencia y libertad individual. Los vínculos feudales estorbaban su crecimiento. La burguesía abrazó, en consecuencia, la doctrina liberal. Armada de esta doctrina, abatió la feudalidad y fundó la democracia. Pero la idea liberal es esencialmente una idea crítica, una idea revolucionaria. El liberalismo puro tiene siempre alguna nueva libertad que conquistar y alguna nueva revolución que proponer. Por esto, la burguesía, después de haberlo usado contra la feudalidad y sus tentativas de restauración, empezó a considerarlo excesivo, peligroso e incómodo. Mas el liberalismo no puede ser impunemente abandonado. Renegando de la idea liberal, la sociedad capitalista reniega de sus propios orígenes. La reacción conduce como en Italia a una restauración anacrónica de métodos medioevales. El poder político, anulada la democracia es ejercido por *condottieri* y dictadores de estilo medioeval. Se constituye, en suma, una nueva feudalidad. La autoridad prepotente y caprichosa de los *condottieri* -que a veces se sienten *cruzados*, que son en muchos casos gente de mentalidad rústica, aventurera y marcial- no coincide, frecuentemente, con los intereses de la economía capitalista. Una parte de la burguesía, como acontece presentemente en Italia, vuelve con nostalgia los ojos a la libertad y a la democracia.

Inglaterra es la sede principal de la civilización capitalista. Todos los elementos de este orden social han encontrado allí el clima más conveniente a su crecimiento. En la historia de Inglaterra se conciertan y combinan, como en la historia de ningún otro pueblo, los tres fenómenos solidarios o consanguíneos: capitalismo, protestantismo y liberalismo. Inglaterra es el único país donde la democracia burguesa ha llegado a su plenitud y donde la idea liberal y sus consecuencias, económicas y administrativas, han alcanzado todo su desarrollo. Más aún. Mientras el liberalismo sirvió de combustible del progreso capitalista, los ingleses eran casi unánimemente liberales. Poco a poco, la misma lucha entre conservadores y liberales perdió su antiguo sentido. La dialéctica de la historia había vuelto a los conservadores algo liberales y a los liberales algo conservadores. Ambas facciones continuaban chocando y polemizando, entre otras cosas, porque la política no es concebible de otro modo. La política, como dice Mussolini, no es un monólogo. El gobierno y la oposición son dos fuerzas y dos términos idénticamente necesarios. Sobre todo, el Partido Liberal alojaba en sus rangos a elementos de la clase media y de la clase proletaria, espontáneamente antitéticos de los elementos de la clase capitalista, reunidos en el Partido Conservador. En tanto que el Partido Liberal conservó este contenido social, mantuvo su personalidad histórica. Una vez que los obreros se independizaron, una vez que el Labour Party entró en su mayor edad, concluyó la función histórica del Partido Liberal. El espíritu crítico y revolucionario del liberalismo trasmigró del Partido Liberal al partido obrero. La facción, escindida primero, soldada después, de Asquith y Lloyd George, dejó de ser el vaso o el cuerpo de la esencia inquieta y volátil del liberalismo. El liberalismo, como fuerza crítica, como ideal renovador se desplazó gradualmente de un organismo envejecido a un organismo joven y ágil. Ramsay Mac Donald, Sydney Webb, Phillipp Snowden, tres hombres sustantivos del ministerio laborista derrotado en la votación, proceden espiritual e ideológicamente de la matriz liberal. Son los nuevos depositarios de la potencialidad revolucionaría del liberalismo. Prácticamente los liberales y los conservadores no se diferencian en nada. La palabra liberal, en su acepción y en sus usos burgueses, es una palabra vacía. La función de la burguesía no es ya liberal sino conservadora. Y, justamente, por esta razón, los liberales ingleses no han sentido ninguna repugnancia para conchabarse con los conservadores. Liberales y conservadores no se confunden y uniforman al azar, sino porque entre unos y otros han desaparecido los antiguos motivos de oposición y de contraste.

El antiguo liberalismo ha cumplido su trayectoria histórica. Su crisis se manifiesta con tanta evidencia y tanta intensidad en Inglaterra, precisamente porque en Inglaterra el liberalismo ha armado a su más avanzado estadio de plenitud. No obstante esta crisis, no obstante su gobierno conservador, Inglaterra es todavía la nación más liberal del mundo. Inglaterra es aún el país del libre cambio. Inglaterra es, en fin, el país donde las corrientes subversivas prosperan menos que en ninguna parte y donde, por esto, es menor su persecución. Los más incandescentes oradores comunistas ululan contra la burguesía en Trafalgar Square y en Hyde Park, en la entraña de Londres. La reacción en una nación de este grado de democracia no puede vestirse como la reacción italiana, ni puede pugnar por la vuelta de la feudalidad con cachiporra y camisa negra. En el caso británico, la reacción es tal, no tanto por el progreso adquirido, que anula, como por el progreso naciente, que frustra o retarda.

El experimento laborista, en suma, no ha sido inútil, no ha sido estéril. Lo será, acaso, para los beocios que creen que una era socialista se puede inaugurar con un decreto. Para los hombres de pensamiento no. El fugaz gobierno de Mac Donald ha servido para obligar a los liberales y a los conservadores a coaligarse y para liquidar, por ende, la fuerza equívoca de los liberales. Los obreros ingleses, al mismo tiempo, se han curado un poco de sus ilusiones democráticas y parlamentarias. Han constatado que el poder gubernamental no basta para gobernar al país. La prensa es, por ejemplo, otro de los poderes de que hay que disponer. Y, como lo observaba hace pocos años Caillaux, la prensa rotativa es una industria reservada a los grandes capitales. Los laboristas, durante varios meses, han estado en el gobierno; pero no han gobernado. Su posición parlamentaria no les ha consentido actuar, sino en algunos propósitos preliminares de la política de reconstrucción europea, compartidos o admitidos por los liberales.

Los resultados administrativos del experimento han sido escasos; pero los resultados políticos han sido muy vastos. La disolución del Partido Liberal predice, categóricamente, la suerte de los partidos intermedios, de los grupos centristas. El duelo, el conflicto entre la idea conservadora y la idea revolucionaria, ignora y rechaza un tercer término. La política, como todas las cosas, tiene únicamente dos polos. Las fuerzas que están haciendo la historia contemporánea son, también solamente dos.

NITTI

Nitti, Keynes y Caillaux ocupan el primer rango entre los pioneros y los teóricos de la política de "reconstrucción europea". Estos estadistas propugnan una política de asistencia y de cooperación entre las naciones y de solidaridad entre las clases. Patrocinan un programa de paz internacional y de paz social. Contra este programa insurgen las derechas que, en el orden internacional, tienen una orientación imperialista y conquistadora y, en el orden doméstico, una orientación reaccionaria y antisocialista. La aversión de las extremas derechas a la política bautizada con el nombre de "política de reconstrucción europea" es una aversión histérica, delirante y fanática. Sus clubs y sus logias secretas condenaron a muerte a Waither Rathenau que aportó una contribución original, rica e inteligente al estudio de los problemas de la paz. La figura de Nitti es una alta figura europea. Nitti no se inspira en una visión local sino en una visión europea de la política. La crisis italiana es enfocada por el pensamiento y la investigación de Nitti sólo como un sector, como una sección de la crisis mundial. Nitti escribe un día para el *Berliner Tageblatt* de Berlín y otro día para la *United Press* de Nueva York. Polemiza con hombres de París, de Varsovia, de Londres.

Nitti es un italiano meridional. Sin embargo, no es el, suyo un temperamento tropical, frondoso, excesivo, como suelen ser los temperamentos meridionales. La dialéctica de Nitti es sobria, escueta, precisa. Acaso por esto no conmueve mucho al espíritu italiano, enamorado de un lenguaje retórico, teatral y ardiente. Nitti, como Lloyd George, es un relativista de la política. No es accesible al sectarismo de la derecha ni al sectarismo de la izquierda. Es un político frío, cerebral, risueño, que matiza sus discursos con notas de humorismo y de ironía. Es un político que a veces, cuando gobierna, por ejemplo, *fa dello spirito*, como dicen los italianos. Pertenece a esa categoría de políticos de nuestra época que han nacido sin fe en la ideología burguesa y sin fe en la ideología socialista y a quienes, por tanto, no repugna ninguna transacción entre la idea nacionalista y la idea internacionalista, entre la idea individualista y la idea colectivista. Los conservadores puros, los conservadores rígidos, vituperan a estos estadistas eclécticos, permeables y dúctiles. Execran su herética falta de fe en la infalibilidad y la eternidad de la sociedad burguesa. Los declaran inmorales, cínicos, derrotistas, renegados. Pero este último adjetivo, por ejemplo, es clamorosamente injusto. Esta generación de políticos relativistas no ha renegado de nada por la sencilla razón de que nunca ha creído ortodoxamente en nada. Es una generación estructuralmente adogmática y heterodoxa. Vive equidistante de las tradiciones del pasado y de las utopías del futuro. No es futurista ni pasadista, sino presentista, actualista. Ante las instituciones viejas y las instituciones venideras tiene' una actitud agnóstica y pragmatista. Pero, recónditamente, esta generación tiene también una fe, una creencia. La fe, la creencia en la Civilización Occidental. La raíz de su evolucionismo es esta devoción íntima. Es refractaria a la reacción porque teme que la reacción excite, estimule y enardezca el ímpetu destructivo de la revolución. Piensa que el mejor modo de combatir la revolución violenta es el de hacer o prometer la revolución pacífica. No se trata, para esta generación política, de conservar el orden viejo ni de crear el orden nuevo: se trata de salvar la Civilización, esta Civilización Occidental, esta *abendlaendische Kultur* que, según Oswald Splenger, ha llegado a su plenitud y, por ende, a su decadencia. Gorki, justamente, ha clasificado a Nitti y a Nansen como a dos grandes espíritus de la Civilización europea. En Nitti se percibe, en efecto, a través de sus escepticismos y sus relativismos, una adhesión absoluta: su adhesión a la Cultura y al Progreso europeos. Antes que italiano, se siente europeo, se siente occidental, se siente blanco. Quiere, por eso, la solidaridad de las naciones europeas, de las naciones occidentales. No le inquieta la suerte de la Humanidad con mayúscula: le inquieta la suerte de la humanidad occidental, de la humanidad blanca. No acepta el imperialismo de una nación europea sobre otra; pero sí acepta el imperialismo del mundo occidental sobre el mundo cafre, hindú, árabe o piel roja.

Sostiene Nitti, como todos los políticos de la *reconstrucción*, que no es posible que una potencia europea extorsione o ataque a otra, sin daño para toda la economía europea, para toda la vitalidad europea. Los problemas de la paz han revelado la solidaridad, la unidad del organismo económico de Europa. Y la imposibilidad de la restauración de los vencedores a costa de la destrucción de los vencidos. A los vencedores les está vedada, por primera vez en la historia del mundo, la voluptuosidad de la venganza. La reconstrucción europea no puede ser sino obra, común y mancomunada, de todas las grandes naciones de Occidente. En su libro *Europa senza pace*, Nitti recomienda las siguientes soluciones: reforma de la Sociedad de las Naciones sobre la base de la participación de los vencidos; revisión de los tratados de paz; abolición de la comisión de reparaciones; garantía militar a Francia; condonación recíproca de las deudas interliadas, al menos en una proporción del ochenta por ciento; reducción de la indemnización alemana a cuarenta mil millones de francos oro; reconocimiento a Alemania de la cancelación de veinte mil millones como monto de sus pagos efectuados en oro, mercaderías, naves, etc. Pero las páginas críticas, polémicas, destructivas de Nitti son más sólidas y más brillantes que sus páginas constructivas. Nitti ha hecho con más vigor la descripción de la crisis europea que la teorización de sus remedios. Su exposición del caos, de la ruina europea es impresionantemente exacta y objetiva; su programa de reconstrucción es, en cambio, hipotético y subjetivo.

A Nitti le tocó el gobierno de Italia en una época agitada y nerviosa de tempestad revolucionaria y de ofensiva socialista. Las fuerzas proletarias estaban en Italia en su apogeo. Ciento cincuenta diputados socialistas ingresaron en la Cámara, con el clavel rojo en la solapa y las estrofas de La Internacional en los labios, La Confederación General, del Trabajo, que representa a más de dos millones de trabajadores agremiados, atrajo a sus filas a los sindicatos de funcionarios y empleados del Estado. Italia parecía madura para la revolución. La política de Nitti, bajo la sugestión de este ambiente revolucionario, tuvo necesariamente una entonación y un gesto demagógicos. El Estado abandonó algunas de sus posiciones doctrinarias, ante el empuje de la ofensiva revolucionaria. Nitti dirigió sagazmente esta maniobra. Las derechas, soliviantadas y dramáticas, lo acusaron de debilidad y de derrotismo. Lo denunciaron como un saboteador, como un desvalorizador de la autoridad, del Estado. Lo invitaron a la represión inflexible de la agitación proletaria. Pero estas grimas, estas aprehensiones y estos gritos de las derechas no conmovieron a Nitti. Avizor y diestro, comprendió que oponer a la revolución un dique granítico era provocar, tal vez, una insurrección violenta. Y que era mejor abrir todas las válvulas del Estado al escape y al desahogo de los gases explosivos, acumulados a causa de los dolores de la guerra y los desabrimientos de la paz. Obediente a este concepto, se negó a castigar las huelgas de ferroviarios y telegrafistas del estado y a usar rígidamente las armas de la ley, de los tribunales y de los gendarmes. En medio del escándalo y la consternación de las derechas, tomó a Italia, amnistiado, el líder anarquista Enrique Malatesta. Y los delegados del Partido Socialista y de los sindicatos, con pasaportes regulares del gobierno, marcharon a Moscú para asistir al congreso de la Tercera Internacional. Nitti y la monarquía flirteaban con el socialismo. El director de *La Nazione* de Florencia me decía en aquella época: «Nitti lascia andare». Ahora se advierte que, históricamente, Nitti salvó entonces a la burguesía italiana de los asaltos de la revolución. Su política transaccional, elástica, demagógica, estaba dictada e impuesta por las circunstancias históricas.

Pero, en la política como en la guerra, la popularidad no corteja a los generalísimos de las grandes retiradas, sino a los generalísimos de las grandes batallas. Cuando la ofensiva revolucionaria empezó a agotarse y la reacción a contraatacar, Nitti fue desalojado del gobierno por Giolitti. Con Giolitti la ola revolucionaria llegó a su plenitud, en el episodio de la ocupación de las usinas metalúrgicas. Y entraron en acción Mussolini, los *camisas negras* y el fascismo. Las izquierdas, sin embargo, volvieron todavía a la ofensiva. Las elecciones de 1921, malgrado las guerrillas fascistas, reabrieron el parlamento a ciento treintaiséis socialistas. Nitti, contra cuya candidatura se organizó una gran cruzada de las derechas, volvió también a las Cámaras. Varios diarios cayeron dentro de la órbita nittiana. Aparecieron en Roma *Il Paese* e *Il Mondo*. Los socialistas, divorciados de los comunistas, estuvieron próximos a la colaboración ministerial. Se anunció la inminencia de una coalición social-democrática dirigida por De Nicola o por Nitti. Pero los socialistas, escisionados y vacilantes, se detuvieron en el umbral del gobierno. La reacción acometió resueltamente la conquista del poder. Los fascistas marcharon sobre Roma y barrieron de un soplo al raquítico, pávido y medroso Ministerio Facta. Y la dictadura de Mussolini dispersó a los grupos demócratas y liberales.

La burguesía italiana, después, se ha uniformado oportunistamente de camisa negra. Pero oportunista, menos flexible que Lloyd George, no se ha plegado a las pasiones actuales de la muchedumbre. Se ha retirado a su vida de estudioso, de investigador y de catedrático.

El instante no es favorable a los hombres de su tipo. Nitti no habla un lenguaje pasional sino un lenguaje intelectual. No es un líder tribunicio y tumultuario. Es un hombre de ciencia, de universidad y de academia. Y en esta época de neoromanticismo, las muchedumbres no quieren estadistas sino caudillos, no quieren sagaces pensadores, sino bizarros, míticos y taumatúrgicos capitanes.

El programa de reconstrucción europea propuesto por Nitti es típicamente el programa de un economista. Nitti, saturado del pensamiento de su siglo, tiende a la interpretación económica, positivista, de la historia. Algunos de sus críticos se duelen precisamente de su inclinación sistemática a considerar exclusivamente el aspecto económico de los fenómenos históricos, y a descuidar su aspecto moral y psicológico. Nitti, cree, fundamentalmente, que la solución de los problemas económicos de la paz resolvería la crisis. Y ejercita toda su influencia de estadista y de líder para conducir a Europa a esa solución. Pero, la dificultad que existe, para que Europa acepte un programa de cooperación y de asistencia internacionales, revela, probablemente, que las raíces de la crisis son más hondas e invisibles. El oscurecimiento del buen sentido occidental no es una causa de la crisis, sino uno de sus síntomas, uno de sus efectos, una de sus expresiones.

AMENDOLA Y LA BATALLA LIBERAL EN ITALIA

La personalidad de Giovanni Amendola nos interesa, no sólo por la notoriedad mundial que debe este líder del Aventino a las cachiporras fascistas, sino, sobre todo, por su original relieve en el mundo del liberalismo italiano. En Amendola la democracia no es una fórmula retórica, corno en la mayoría de los políticos *transformistas* de la Terza Italia. En Amendola la democracia es una idea dinámica que, contrastada y perseguida encarnizadamente por el fascismo, readquiere un poco de su primitiva beligerancia y de, su decaída combatividad. Amendola pertenece al reducido sector de demo-liberales italianos que no renegaron de su liberalismo, ante el *fascio littorio* cuándo Mussolini y sus *camisas negras* conquistaron la Ciudad Eterna. Mientras Giolitti, Orlando y todos los políticos del *transformismo*, que ahora parlamentaria y tardíamente insurgen en defensa de la libertad, se enrolaban en el séquito del fascismo, olvidando la acérrima requisitoria fascista contra la vieja política y sus decrépitos especimenes, Amendola prefirió obstinarse en la aserción intransigente de sus principios democráticos.

Su historia política corresponde enteramente a la post-guerra. Amendola no se ha formado políticamente en la clientela de Giolitti, ni de ningún otro líder clásico de la democracia; pre-bélica. Procede de un núcleo y de un hogar de intelectuales que han dado a Italia varias de sus figuras contemporáneas. "En 1904 —escribe Girolamo Lazzeri, en el prefacio de un libro de Amendola, *La democracia después del 6 de abril de 1924*— apenas cumplidos los veinte años, participaba en el movimiento renovador del florentino Leonardo; luego, cuatro años después, era del grupo de la *Voce*, en el cual, emergía por un equilibrio más sólido frente a los otros amigos, muchos de quienes estaban destinados a caer de lleno en el error del fascismo o a vivir en sus márgenes en una situación de complicidad moral. La posición de Amendola en el grupo de la *Voce* era, en el fondo, la posición de un solitario: entre la inquietud y las contradicciones de Papini, la superficial divulgación de Prezzolini, el impresionismo lírico de Soffici, actitudes todas meramente literarias, Amendola se muestra casi aparte por sí mismo, por la seriedad y la solidez de la indagación filosófica, por la constante preocupación de la realidad, vista con límpida pupila, no de literato sino de hombre. Así, .mientras que la rabia de renovación a la cual tendía el movimiento de la *Voce*, era desenfrenada inquietud literaria entre sus amigos, en Amendola era problema espiritualmente sentido, tanto en línea filosófica como en línea histórica. Su obra de filósofo y particularmente los lineamientos de su sistema ético, como resultan de la serie de estudios publicados en 1911 en *Anima* —la revista que dirigió con Papini— están ahí para demostrarlo, ofreciendo al crítico la clave de toda la personalidad del futuro hombre político".

Amendola, después de una actividad destacada de periodista político, que lo incorporó oficialmente en los rangos de la democracia, entró en el parlamento en 1919. Empezó entonces la carrera de político, que en dos ocasiones las cachiporras fascistas han querido cortar trágicamente. El parlamento, del cual le tocó a Amendola formar parte, fue la tempestuosa asamblea a la que el sufragio italiano envió 156 diputados socialistas y 101 diputados populares. Amendola ocupó desde el primer momento un puesto de combate en el grupo nittiano, esto es en el sector reformista y radical de la burguesía italiana. Fue, pues, uno de los colaboradores de esa política de transacciones y de compromisos, actuada por Nitti para detener la revolución, que debía parecer después, a la misma burguesía salvada de esta suerte, demagógica y derrotista.

En la evolución de la burguesía hacia el fascismo, que comenzó con el gobierno de Giolitti, Amendola se mantuvo hostil al *fascio littorio*. Tuvo, no obstante, que formar parte, como Ministro de las colonias, del desdichado ministerio de Facta, último esfuerzo gubernamental de los grupos constitucionales. No se le puede, sin embargo, hacer por esto ningún cargo. Preveía Amendola la conquista ineluctable e inexorable del poder por los fascistas, si los fautores de la democracia no concertaban y concentraban sus fuerzas en el parlamento y en el gobierno. El fracaso de esta postrera tentativa no es culpa suya.

En la presente batalla liberal, Amendola tiene una función principal. Es el líder de la oposición del Aventino. De la variopinta oposición del Aventino, como en su lenguaje polémico la llama Mussolini. El episodio del Aventino está en liquidación. La secesión parlamentaria se ha revelado impotente para traer abajo la dictadura fascista. Y a los parlamentarios del bloque del Aventino no se les ocurre, de acuerdo con sus hábitos, que se pueda combatir aun gobierno sino parlamentariamente. El experimento les parece, pues, terminado. El camino revolucionario no es de su gusto. Tampoco es del gusto de Amendola. Pero entre la gente del Aventino, Amendola tiene al menos el mérito de una consistencia ideológica y de una arrogancia personal, muy poco frecuentes en la desvaída fauna liberal. Amendola ha sido uno de los *condottieri* de la batalla del Aventino. Hasta el último momento ha resistido con energía la vuelta al parlamento.

Lo que distingue a Amendola del resto de los demo-liberales de todos los climas es, como resulta de todos estos episodios de su carrera política, la vehemencia y la beligerancia que tiene en su teoría y en su práctica la vieja idea liberal. El líder del Aventino cree de veras en la democracia, con ese inquebrantable empecinamiento de los pequeños burgueses, nutridos de la filosofía de dos siglos de apogeo de la civilización occidental. Y, como Wilson hablaba de una nueva libertad, este discípulo y lugarteniente de Nitti habla de una nueva democracia.

Su ilusión reside justamente en este concepto. La nueva democracia de Amendola es tan quimérica como la nueva libertad de Wilson. Es siempre, en la forma y en el fondo, a pesar de cualquier superficial apariencia, la misma democracia capitalista y burguesa que se siente crujir, envejecida, en nuestra época. Amendola dice preferir el futuro al pasado. Pero se niega a imaginar que el futuro de la humanidad y de Italia no sea democrático. El pensamiento de Amendola es la expresión de la recalcitrante mentalidad de una pequeña burguesía, sorda a todas las notificaciones de la historia.

El fracasado experimento del Aventino podría, sin embargo, haber sido una lección más eficaz para este rígido y honesto liberal. Contra el método reaccionario, como ese experimento lo ha demostrado, el método democrático no puede nada. Mussolini se ríe de las maniobras parlamentarias. Para los diputados demasiado molestos, como Matteotti o como Amendola, los *camisas negras* tienen armas bien tundentes. Amendola, agredido y apaleado dos veces, lo sabe personal y eficientemente. Instintivamente, Amendola ha sentido muchas de estas cosas. El retiro de la oposición del parlamento fue un gesto de entonación y virtualidad revolucionarias. Constituía la declaración de que contra Mussolini no era ya posible batirse parlamentaria y legalmente. El Aventino representaba la vía de la insurrección. Mas los diputados del Aventino no tenían nada de revolucionarios. Su objetivo no era sino la normalización. Su actitud secesionista se nutría de la esperanza de que, a la simple maniobra de abandono del parlamento, la minoría bastase para obligar a Mussolini a la rendición. Una vez desvanecida esta esperanza, a toda esta gente no le ha quedado más remedio que decidirse a reingresar melancólicamente en su Cámara.

No existe otro camino para los partidarios de la reforma y del compromiso. A Amendola le cuesta un poco de trabajo explicárselo, porque en él chocan su psicología de hombre de combate y su ideario de fautor del parlamento. La impotencia en que se debate en Italia su partido es la impotencia en que se debate, en todo el mundo, la vieja democracia. En Amendola, es cierto, la democracia enseña el puño apretado y enérgico, Pero no por eso es menos impotente.

JOHN MAYNARD KEYNES

Keynes no es líder, no es político, no es siquiera diputado. No es sino director del *Manchester Guardian* y profesor de Economía de la Universidad de Cambridge. Sin embargo, es una figura de primer rango de la política europea. Y, aunque no ha descubierto la decadencia de la civilización occidental, la teoría de la relatividad, ni el injerto de la glándula de mono, es un hombre tan ilustre y resonante como Spengler, como Einstein y como Voronoff. Un libro de estruendazo éxito, *Las consecuencias económicas de la Paz*, propagó en 1919 el nombre de Keynes en el mundo.

Este libró así la historia íntima, descarnada y escueta de la conferencia de la paz y de sus escenas de bastidores. Y es, al mismo tiempo, una sensacional requisitoria contra el tratado de Versalles y contra sus protagonistas. Keynes denuncia en su obra las deformidades y los errores de ese pacto y sus consecuencias en la situación europea. El pacto de Versalles es aún un tópico de actualidad. Los políticos y los economistas de la reconstrucción europea reclaman perentoriamente su revisión, su rectificación, casi su cancelación. La suscripción de ese tratado resulta una cosa condicional y provisoria. Estados Unidos le ha negado su favor y su firma. Inglaterra no ha disimulado a veces su deseo de abandonarlo. Keynes lo ha declarado una reglamentación temporal de la rendición alemana.

¿Cómo se ha incubado, cómo ha nacido este tratado deforme, este tratado teratológico? Keynes, testigo inteligente de la gestación, nos les explica. La Paz de Versalles fue elaborada por tres hombres: Wilson, Clemenceau y Lloyd George. —Orlando tuvo al lado de estos tres estadistas un rol secundario, anodino, intermitente y opaco. Su intervención se confinó en una sentimental defensa de los derechos de Italia—. Wilson ambicionaba seriamente una paz edificada sobre sus catorce puntos y nutrida de su ideología democrática. Pero Clemenceau pugnaba por obtener una paz ventajosa para Francia, una paz dura, áspera, inexorable. Lloyd George era empujado en análogo sentido por la opinión inglesa. Sus compromisos eleccionarios lo forzaban a tratar sin clemencia, a Alemania. Los pueblo de la Entente estaban demasiado perturbados por el placer y el delinquió de la victoria. Atravesaban un período de fiebre y de tensión nacionalistas. Su inteligencia estaba oscurecida por el *pathos*. Y, mientras Clemenceau y Lloyd George representaban a dos pueblos poseídos, morbosamente, por el deseo de expoliar y oprimir, a Alemania, Wilson no representaba a un pueblo realmente ganado a su doctrina, ni sólidamente mancomunado, con su beato y demagógico programa. A la mayoría del pueblo americano no le interesaba sino la liquidación más práctica y menos onerosa posible de la guerra. Tendía, por consiguiente, al abandono de todo lo que él programa wilsoniano tenía de idealista.

El ambiente aliado, en suma, era adverso a una paz wilsoniana y altruista. Era un ambiente guerrero y truculento, cargado de odios, de rencores y dé gases asfixiantes. Wilson mismo no podía sustraerse a la influencia y a la sugestión de la "atmósfera pantanosa de París". El estado de ánimo aliado era agudamente hostil al programa wilsoniano de paz sin anexiones ni indemnizaciones. Además Wilson, como diplomático, como político, era asaz inferior a Clemenceau y a Lloyd George. La figura política de Wilson no sale muy bien parada del libro de Keynes. Keynes retrata la actitud de Wilson en la conferencia de la paz como una actitud mística, sacerdotal. Al lado de Lloyd George y de Clemenceau, cautos, redomados y sagaces estrategas de la política, Wilson resultaba un ingenuo maestro universitario, un utopista y hierático presbiteriano. Wilson, finalmente, llevó a la conferencia de la paz principios generales, pero no ideas concretas respecto de su aplicación. Wilson no conocía las cuestiones europeas a las cuales estaban destinados sus principios. A los aliados les fue fácil, por esto, *camuflar* y disfrazar de un ropaje idealista la solución que les convenía. Clemenceau y Lloyd George, ágiles y permeables, trabajaban asistidos por un ejército de técnicos y de expertos. Wilson, rígido y hermético, no tenía casi contacto con su delegación. Ninguna persona de su *entourage*, ejercitaba influencia sobre su pensamiento. A veces una redacción astuta, una maniobra gramatical, bastó para esconder dentro de una cláusula de apariencia inocua una intención trascendente. Wilson no pudo defender su programa del torpedamiento sigiloso de sus colegas de la conferencia.

Entre el programa wilsoniano y el tratado de Versalles existe, por esta y otras razones, una contradicción sensible. El programa wilsoniano garantizaba a Alemania el respeto de su integridad territorial, le aseguraba una paz sin multas ni indemnizaciones y proclamaba enfáticamente el derecho de los pueblos a disponer de ellos mismos. Y bien. El Tratado separa de Alemania la región del Sarre, habitada por seiscientos mil teutones genuinos. Asigna a Polonia y Checoeslovaquia otras porciones de territorio alemán. Autoriza la ocupación durante quince años de la ribera izquierda del Rhin, donde habitan seis millones de alemanes. Y suministra a Francia pretexto para invadir las provincias del Ruhr e instalarse en ellas. El tratado niega a Austria, reducida a un pequeño Estado, el derecho de asociarse o incorporarse a Alemania. Austria no puede usar de este derecho sin el permiso de la Sociedad de las Naciones. Y la Sociedad de las Naciones no puede acordarle su permiso sino por unanimidad de votos. El Tratado obliga a Alemania, aparte de la reparación de los daños causados a poblaciones civiles y de la reconstrucción de ciudades y campos devastados, al reembolso de las pensiones de guerra de los países aliados. La despoja de todos sus bienes negociables, de sus colonias, de su cuenca carbonífera del Sarre, de su marina mercante y hasta de la propiedad privada de sus súbditos en territorio aliado. Le impone la entrega anual de una cantidad de carbón, equivalente a la diferencia entre la producción actual de las minas de carbón, francesas y la producción de antes de la guerra. Y la constriñe a conceder, sin ningún derecho a reciprocidad, una tarifa aduanera mínima a las mercaderías aliadas y a dejarse invadir, sin ninguna compensación, por la producción aliada. En una palabra, el Tratado empobrece, mutila y desarma a Alemania y, simultáneamente, le demanda una enorme indemnización de guerra.

Keynes prueba que este pacto es una violación de las condiciones de paz, ofrecidas por los aliados a Alemania para inducirla a rendirse. Alemania capituló sobre la base de los catorce puntos de Wilson. Las condiciones de paz no debían, por tanto, haberse apartado ni diferenciado de esos catorce puntos. La conferencia de Versalles habría debido limitarse a la aplicación, a la formalización de esas condiciones de paz. En tanto, la conferencia de Versalles impuso a Alemania una paz diferente, una paz distinta de la ofrecida solemnemente por Wilson. Keynes califica esta conducta como una deshonestidad monstruosa.

Además, este tratado, que arruina y mutila a Alemania, no es sólo injusto e insensato. Como casi todos los actos insensatos e injustos, es peligroso y fatal para sus autores. Europa ha menester de solidaridad y de cooperación internacionales, para reorganizar su producción y restaurar su riqueza. Y el tratado la anarquiza, la fracciona, la conflagra y la inficiona de nacionalismo y jingoísmo. La crisis europea tiene en el pacto de Versalles uno de sus mayores estímulos morbosos. Keynes advierte la extensión y la profundidad de esta crisis. Y no cree en los planes de reconstrucción, "demasiado complejos, demasiado sentimentales y demasiado pesimistas". "El enfermo —dice— no tiene necesidad de drogas ni de medicinas. Lo que le hace falta es una atmósfera sana y natural en la cual pueda dar libre curso a sus fuerzas de convalecencia". Su plan de reconstrucción europea se condensa, por eso, en dos proposiciones lacónicas: la anulación de las deudas interaliadas y la reducción de la indemnización alemana a 36,000 millones de marcos. Keynes sostiene que éste es, también, el máximum que Alemania puede pagar.

Pensamiento de economista y de financista, el pensamiento de Keynes localiza la solución de la crisis europea en la reglamentación económica de la paz. En su primer libro escribía, sin embargo, que "la organización económica, por la cual ha vivido Europa occidental durante el último medio siglo, es esencialmente extraordinaria, inestable, compleja, incierta y temporaria". La crisis, por consiguiente, no sé reduce a la existencia de la cuestión de las reparaciones y de las deudas interaliadas. Los problemas económicos de la paz exacerban, exasperan la crisis; pero no la causan íntegramente: La raíz de la crisis está en esa organización económica "inestable, compleja, etc" Pero Keynes es un economista burgués, de ideología evolucionista y de psicología británica, que, necesita inocular confianza e inyectar optimismo en el espíritu de la sociedad capitalista. Y debe, por eso, asegurarle que una solución sabia, sagaz y prudente de los problemas económicos de la paz removerá todos los obstáculos que obstruyen, actualmente, el camino del progreso, de la felicidad y del bienestar humanos.

EL DEBATE DE LAS DEUDAS INTER-ALIADAS

Nadie puede asombrase de que, seis años después de la suscripción del pacto de Versalles, las potencias aliadas no hayan podido aún ponerse de acuerdo con Alemania respecto a la ejecución de ese tratado. El mismo plazo no ha sido bastante para que las potencias aliadas se hayan puesto de acuerdo entre ellas. No ha sido bastante siquiera para que se hayan puesto de acuerdo consigo mismas. En ninguna de las potencias vencedoras se entienden las gentes sobre el mejor método de liquidar las consecuencias de la guerra. Las divide, primero, la lucha de clases. Las sub-divide, luego, la lucha de los partidos. La clase gobernante, o sea la clase burguesa, no tiene un programa común. Cada líder, cada grupo, se aferra a su propio punto de vista. El desacuerdo, en una palabra, se multiplica hasta el infinito.

Nitti llama a esto "la tragedia de Europa". Los problemas políticos se enlazan, en la retina del político italiano, con los problemas económicos. Y, en último análisis, la crisis económica, política y moral se convierte en una crisis de la civilización europea. Keynes, menos, panorámico, no ve casi en esta crisis sino "las consecuencias económicas de la paz", Entre los dos más ilustres y tenaces propugnadores de una política de reconstrucción, el acuerdo, por consiguiente no es completo. La diferencia de temperamento produce una diferencia de visión. Keynes reacciona, ante la crisis, como economista; Nitti reacciona, además, como político. Y la opinión misma de estos hombres no es hoy rigurosamente la de hace cinco o cuatro años. Las consecuencias económicas de la paz se han modificado ose han complicado definitivamente. El pensamiento de quienes pretenden arreglarlas; dentro de una perfecta coherencia, ha tenido, que modificarse o complicarse. No ha podido dejar de adaptarse a los nuevos hechos. Y a veces ha debido, en apariencia al menos, contradecirse.

A propósito de las deudas inter-aliadas, uno de los más enredados problemas de la paz, Keynes ha sido acusado, recientemente, de una contradicción. En sus estudios sobre este problema Keynes había arribado a la conclusión de que las deudas inter-aliadas debían ser condonadas. En un artículo último, ha abandonado virtualmente esta conclusión. Como ciudadano británico, como hombre práctico; Keynes se encuentra frente a un hecho nuevo. Inglaterra ha reconocido su deuda a los Estados Unidos. Más aún, ha empezado a amortizarla. La cuestión de las deudas interaliadas ha quedado, por consiguiente, planteada en términos distintos. Keynes no ha cambiado de opinión acerca de las deudas inter-aliadas; pero sí ha cambiado de opinión acerca de la posibilidad de anularlas.

Keynes acepta totalmente la tesis del tesoro francés, de que las deudas ínteraliadas no son deudas comerciales sino deudas "políticas". Su propia tesis es mucho más radical. Piensa Keynes que, en verdad, no se trata de deudas propiamente dichas. "Cada uno de los aliados —escribe— arrojó en el conflicto mundial todas sus energías. La guerra fue, como dicen los americanos, al ciento por ciento. Pero, sabiamente y justamente, cada uno de los aliados no empleó sus fuerzas del mismo modo. Por ejemplo el esfuerzo de Francia fue principalmente militar. Relativamente al número de hombres que, en proporción a su población, puso en el campo, y por, el hecho de que parte de su territorio fue ocupado por el enemigo, Francia no contaba, después del primer año de guerra, con suficientes fuerzas económicas para equipar su ejército y alimentar su población de suerte de poder seguir combatiendo. El esfuerzo militar inglés si bien importantísimo, no fue tan grande como el francés; el esfuerzo naval británico fue, en tanto, mayor que el francés; y el financiero fue también más vasto porque tuvimos, antes de la intervención americana, que emplear toda nuestra riqueza y toda nuestra fuerza industrial en ayudar, equipar y alimentar a los aliados. El esfuerzo americano fue principalmente financiero". Keynes sostiene que a la causa común cada potencia aliada dio todo lo que pudo. Unos aportaron más hombres que vituallas; otros aportaron más dinero que hombres. El dinero, en suma, no era *prestado* por un aliado a otro. Era simplemente movilizado de un frente financiero a otro, en servicio de una campaña común. ¿Por qué entonces se hablaba oficialmente de créditos o de préstamos y no de subsidios? Porque así lo exigía la necesidad de que los fondos fueran administrados con mesura. El tesoro inglés o el tesoro norteamericano no tenían otro medio de controlar al tesoro francés o al tesoro italiano, y de evitar los despilfarros del capital interaliado. "Si cada uno de los funcionarios aliados —observa Keynes— hasta aquéllos dotados de menor sentido de responsabilidad o de menor poder de imaginación, hubiese sabido que gastaba dinero de otro país, los incentivos a la economía habrían sido menores de lo que fueron". Y ésta no es una interpretación personal de Keynes de la conducta financiera de Inglaterra y de Norte América. Durante la guerra, Keynes ha sido un alto funcionario del tesoro británico. En consecuencia, ha estado enterado de toda la trastienda de la política financiera de su país.

Pero Keynes, que reafirma de modo tan inequívoco y explícito su convicción de que las deudas inter-aliadas no son tales deudas, no insiste ya en proponer su condonación. "Mirando al pasado —explica— creo que habría sido un acto de alta política y de sabiduría de parte de Inglaterra si, al día siguiente del armisticio, hubiese anunciado a los aliados que todas sus decidas que daban olvidadas desde ese día. Ahora no es viable tal línea de conducta. Los ingleses se han comprometido a pagar a Norte América medio millón de dólares al día por sesenta años". Una solución del problema no puede prescindir de este hecho. Mientras Inglaterra pague a los Estados Unidos, no renunciará a ser pagada también por Francia e Italia. No se avendrá tampoco a que los Estados Unidos concedan a estas dos potencias un tratamiento de favor. ¿Qué hacer entonces? Keynes cree que la base de un arreglo podría ser la siguiente: la aplicación, al servicio de las deudas inter-aliadas, de una parte de la suma anual que Francia e Italia reciben de. Alemania, conforme al plan Dawes. Una tercera arte, por ejemplo,

El debate de las deudas ínter-aliadas ha entrado así en una nueva fase. Francia ha formulado, oficialmente, la distinción entre sus deudas *comerciales* y sus deudas *políticas*. Esto quiere decir que el pago de las deudas comerciales será arreglado comercialmente, mientras que el pago de las deudas políticas será arreglado políticamente. El tema de las deudas inter-aliadas reemplaza al de las reparaciones. Francia, durante el gobierno del Bloque Nacional, no se ocupó casi sino de su acreencia contra Alemania. Liquidada en Londres, por el plan Dawes, la ilusión de que las reparaciones darían para todo, Francia se ve ahora obligada a ocuparse de su deuda a Inglaterra y a los Estados Unidos. Sus aliados le recuerdan cortésmente su cuenta.

En Inglaterra y en los Estados Unidos prevalece, en el gobierno, un criterio firmemente adverso a la condonación. El programa mínimo de Francia, e Italia solicita una reducción de la deuda interaliada, proporcional a la reducción de la deuda alemana. Los propugnadores de la condonación se sienten más o menos abandonados por Keynes, en esta campaña. Y, por esto, reaccionan contra su última actitud. ¿Keynes mantiene íntegramente su concepto sobre las deudas interaliadas? Sí, lo mantiene íntegramente. ¿Por qué entonces admite ahora la necesidad de, que esas deudas, que su argumentación declara inexistentes, sean reconocidas? Keynes, responde que la cuestión ha sido modificada, de hecho, por los pagos de Inglaterra. Un hombre de estado inglés no puede obstinarse rígidamente en un principio. Escapada la oportunidad de aplicar el principio, hay que resignarse a sacrificarlo en parte. Pero los contradictores de Keynes no creen que, efectivamente, la oportunidad de anular las deudas inter-aliadas haya pasado. La dialéctica del economista británico no los persuade a este respecto. Inglaterra ha comenzado a pagar su deuda a los Estados Unidos. Mas la política del tesoro británico no puede comprometer la política del tesoro francés ni del tesoro italiano. El tesoro británico paga no sólo porque le es posible pagar sino, sobre todo, porque le conviene pagar. Empezando el servicio de su deuda, Inglaterra ha mejorado su crédito y ha saneado su moneda. La libra esterlina, cotizada antes a 3.80 en Nueva York, se cotiza ahora a 4.84. Inglaterra ha hecho una operación ventajosa. Y la ha hecho por su propia cuenta, sin consultar a sus aliados. ¿Cómo puede oponerse a que sus aliados, por su propia cuenta también, repudien una deuda ficticia? La razón de que Inglaterra, obedeciendo a un interés distinto y concreto, no la ha repudiado es por lo menos insuficiente.

La única razón válida es la de que Francia e Italia necesitan usar, su crédito en Inglaterra y los Estados Unidos y, por consiguiente, no pueden exigir de estas potencias mas le lo que se demuestran dispuestas a conceder. Francia e Italia no tienen bastante independencia financiera para prescindir de los servicios de la finanza anglo-americana. Les tocará, por consiguiente, aceptar, más o menos atenuado y, disimulado, un plan Dawes que dejará subsistentes las deudas interaliadas. O sea uno de los problemas de la paz que alimentan la crisis europea.

EL PACTO DE SEGURIDAD

El Occidente europeo busca un equilibrio. Hasta ahora ninguna receta conservadora ni reformista consigue dárselo.

Francia quiere una garantía contra la revancha alemana. Mientras esta garantía no le sea ofrecida, Francia velará armada con la espada en alto. Y el ruido de sus armas y de sus alertas no dejara trabajar tranquilamente a las otras naciones europeas. Europa siente, por ende, la necesidad urgente de un acuerdo que le permita reposar de esta larga vigilia guerrera. La propia Francia que, a pesar de sus bélicos *chanteclers*, es en el fondo una nación pacífica, siente también esta necesidad. El peso de su armadura de guerra la extenúa.

El eje de un equilibrio europeo son las relaciones franco-alemanas. Para que Europa pueda convalecer de su crisis bélica, es indispensable que entre Francia y Alemania se pacte, si no la paz, por lo menos una tregua: Pero esta tregua necesita fiadores. Francia pide la fianza de la Gran Bretaña. De esto, que es lo que se designa con el nombre de pacto de seguridad, se conversó a entre Lloyd George y Briand en Cannes. Mas a la mayoría parlamentaria del bloque nacional un pacto de seguridad, en las condiciones entonces esbozadas, le pareció insuficiente. Briand fue reemplazado por Poincaré, quien durante un largo plazo, en vez de una política de tregua, hizo una política de guerra.

Cuando el experimento laborista en Inglaterra y las elecciones del 11 de mayo en Francia engendraron la ilusión de que se inauguraba en Europa una era social-democrática, renació la moda de todas las grandes palabras de la democracia: Paz, Arbitraje, Sociedad de las Naciones, etc. En esta atmósfera se incubó el protocolo de Ginebra que, instituyendo el arbitraje obligatorio, aspiraba a realizar un anciano ideal de la democracia. El protocolo de Ginebra correspondía plenamente a la mentalidad de una política cuyos más altos conductores eran Mac Donald y Herriot.

Liquidado el experimento laborista, se ensombreció de nuevo la faz de la política europea. El protocolo de Ginebra, que no significaba la paz ni representaba siquiera la tregua, fue enterrado. Se volvió a la idea del pacto de seguridad. Briand, Ministro de Negocios Extranjeros del ministerio de Poincaré, reanudó el diálogo interrumpido en Cannes. *On revient toujour a ses premiers amours.*

Pero la discusión demostró que, para un pacto de seguridad, no basta el acuerdo exclusivo de Inglaterra, Francia, Alemania y Bélgica. No se trata sólo de la frontera del Rhin. Las naciones que están al otro lado de Alemania, y que el tratado de paz ha beneficiado territorialmente, a expensas del imperio vencido, exigen la misma garantía que Francia. Polonia y Checoeslovaquia pretenden estar presentes en el pacto. Y Francia, que es su protectora y su madrina, no puede desestimar la reivindicación de esos estados. Por otra parte Italia, dentro de cuyos nuevos confines el tratado de paz ha dejado encerrada una minoría alemana, reclama el reconocimiento de la intangibilidad de esa frontera. Y se opone a todo pacto que no cierre definitivamente el camino a la posible unión política de Alemania y Austria.

Alemania, a su turno, se defiende. No quiere suscribir ningún tratado que cancele su derecho a una rectificación de sus fronteras orientales. Se declara dispuesta a dar satisfacción a Francia, pero se niega a dar satisfacción a toda Europa.

Para Alemania, suscribir un tratado, en el cual acepte como definitivas las fronteras que le señaló la paz de Versalles, equivaldría a suscribir por segunda vez, sin la presión guerrera de la primera, su propia condena. Durante la crisis post-bélica, mucho se ha escrito y se ha hablado sobre la incalificable dureza del tratado de Versalles. Los políticos y los ideólogos, propugnadores de un programa de reconstrucción europea, han repetido, hasta lograr hacerse oír por mucha gente, que la revisión del tratado de Versalles es una condición esencial y básica de un nuevo equilibrio internacional. Esta idea ha ganado muchos prosélitos. La causa de Alemania en la opinión mundial ha mejorado, en suma, sensiblemente. Es absurdo, por todas estas razones, pretender que Alemania refrende, sin compensación, las condiciones vejatorias de la paz de Versalles. El estado de ánimo de Alemania no es hoy, de otro lado, el mismo de los días angustiosos del armisticio. Las responsabilidades de la guerra se han esclarecido en los últimos seis años. Alemania, con documentación propia y ajena, puede probar, en una nueva conferencia de la paz, que es mucho menos culpable de lo que en Versalles parecía.

Los políticos de la democracia y de la reforma aprovechan del tema del pacto de seguridad para proponer a sus pueblos una meta: la organización de los Estados Unidos de Europa. Únicamente —dicen— una política de cooperación internacional puede asegurar la paz a Europa. Pero la verdad es que no hay ningún indicio de que las varias burguesías europeas, intoxicadas de nacionalismo, se decidan a adoptar este camino. Inglaterra no parece absolutamente inclinada a sacrificar algo de su rol imperial ni de su egoísmo insular. Italia, en los discursos megalómanos del fascismo, reivindica consuetudinariamente su derecho a renacer como imperio.

Los Estados Unidos de Europa aparecen, pues, en el orden burgués, como una utopía. Aun en el caso de que el tratado de seguridad obtenga la adhesión leal de todos los Estados de Europa, quedará siempre fuera de este sistema o de este compromiso la mayor nación del continente: Rusia. No se constituirá por tanto una asociación destinada a asegurar la paz sino, más bien, a organizar la guerra. Porque, como una consecuencia natural de su función histórica, una liga de estados europeos que no comprenda a Rusia tiene que ser, teórica y prácticamente, una liga contra Rusia. La Europa capitalista tiende cada día más a excluir a Rusia de los confines morales de la civilización occidental. Rusia, por su parte sobre todo desde que se ha debilitado su esperanza en la revolución europea, se repliega hacia Oriente. Su influencia moral y material crece rápidamente en Asia. Los pueblos orientales, desde hace mucho tiempo, se interesan mas por el ejemplo ruso que por el ejemplo occidental. En estas condiciones, los Estados Unidos de Europa, si se constituyesen, reemplazarían el peligro de una guerra continental por la certidumbre de un descomunal conflicto entre Oriente y Occidente.

EL IMPERIO Y LA DEMOCRACIA YANQUIS

Con Mr. Coolidge y Mr. Dawes en el gobierno de los Estados Unidos, no es posible esperar que la causa de la libertad y de la democracia wilsonianas progresen gaya y beatamente como los brindis de Ginebra auguraban. Las elecciones norteamericanas han sancionado la política de Mr. Hughes y Mr. Coolidge. Política nacionalista, imperialista, que aleja al mundo de las generosas y honestas ilusiones de los fautores de la liga wilsoniana.

Los Estados Unidos, manteniendo una actitud imperialista, cumplen su destino histórico. El imperialismo, como lo ha dicho Lenin, en un panfleto revolucionario, es la última etapa del capitalismo. Como lo ha dicho Spengler, en una obra filosófica y científica, es la última estación política de una cultura. Los Estados Unidos, más que una gran democracia son un gran imperio. La forma republicana no significa nada. El crecimiento capitalista de los Estados Unidos tenía que desembocar en una conclusión imperialista. El capitalismo norteamericano no puede desarrollarse más dentro de los confines de los Estados Unidos y de sus colonias. Manifiesta, por esto, una gran fuerza de expansión y de dominio. Wilson quiso noblemente combatir por una Nueva Libertad, pero combatió, en verdad, por un nuevo imperio. Una fuerza histórica, superior a sus designios, lo empujó a la guerra. La participación de los Estados Unidos en la guerra mundial fue dictada por un interés imperialista. Exaltando, elocuente y solemnemente, su carácter decisivo, el verbo de Wilson sirvió a la afirmación del Imperio. Los Estados Unidos, decidiendo el éxito de la guerra, se convirtieron repentinamente en árbitros de la suerte de Europa. Sus bancos y sus fábricas rescataron, las acciones y los valores norteamericanos que poseía Europa. Empezaron, en seguida; a acaparar acciones y valores europeos. Europa pasó de la condición de acreedora a la de deudora de los Estados Unidos. En los Estados Unidos se acumuló más de la mitad del oro del mundo. Adquiridos estos resultados, los yanquis sintieron instintivamente la necesidad de defenderlos y, acrecentarlos. Necesitaron, por esto, licenciar a Wilson. El verbo de Wilson, los embarazaba y molestaba. El programa wilsoniano, útil en tiempo de guerra, resultaba inoportuno en tiempo de paz. La Nueva Libertad, propugnada por Wilson, convenía a todo el mundo, menos a los Estados Unidos. Volvieron, así, los republicanos al poder.

¿Qué cosa habría podido inducir a los Estados Unidos a regresar, aunque no fuera sino muy tibia y parcamente, a la política wilsoniana? El candidato demócrata Davis era un ciudadano prudente, un diplomático pacato, sin la inquietud ni la imaginación de Wilson. Los Estados Unidos podían haberle confiado el gobierno sin peligro para sus intereses imperiales. Pero Coolidge ofrecía más garantías y mejores fianzas. Coolidge no se llama sino republicano, en tanto que Davis se llama demócrata, denominación, en todo caso, un poco sospechosa. Davis, tenía, además, el defecto de ser orador. Coolidge, en cambio, silencioso, taciturno, estaba exento de los peligros de la elocuencia. Por otra parte, en el partido demócrata quedaba mucha gente, impregnada todavía de ideas wilsonianas. Mientras tanto, el partido republicano había conseguido separarse de sus Lafollette, esto es de sus hombres más exuberantes e impetuosos. Lafollette, naturalmente, era para el capitalismo y el imperialismo norteamericanos un candidato absurdo. Un disidente peligroso, un desertor herético de las filas republicanas y de sus ponderados principios.

La elección de Mr. Calvin Coolidge no podía sorprender, por ende, sino a muy poca gente. La mayor parte de los espectadores y observadores de la vida norteamericana la preveía y la aguardaba. Aparecía evidente la improbabilidad de que los Estados Unidos, o mejor dicho sus capitalistas, quisiesen cambiar de política. ¿Para qué podían querer cambiarla? Con Coolidge las cosas no andaban mal. A Coolidge le faltaba estatura histórica, relieve mundial. Pero para algo había periódicos, agencias y escritores listos a inventarle una personalidad estupenda a una candidata la Presidencia de la República. La biografía la personalidad reales de Coolidge tenían pocas cosas de qué asirse; pero los periódicos, agencia y escritores descubrieron entre ellas una verdaderamente preciosa: el silencio. Y Coolidge nos ha sido presentado como una gran figura silenciosa, taciturna, enigmática. Es la antítesis de la gran figura parlante, elocuente, universitaria, de Wilson. Wilson era el Verbo; Coolidge es el Silencio. Las agencias, los periódicos, etc., nos dicen que Coolidge no habla, pero que piensa mucho. Generalmente estos hombres mudos, taciturnos, no callan porque les guste el silencio sino porque no tienen nada que decir. Pero a la humanidad le agrada y le atrae irresistiblemente todo lo que tiene algo de enigma, de esfinge y de abracadabra. La humanidad suele amar al verbo; pero respeta siempre el silencio. Además, el silencio es de oro. Y esto explica su prestigio en los Estados Unidos.

Es cierto que si los Estados Unidos son un imperio son también una democracia. Bien. Pero lo actual, lo prevaleciente en los Estados Unidos es hoy el imperio. Los demócratas representan más a la democracia; los republicanos representan más el imperio. Es natural, es lógico, por consiguiente, que las elecciones las hayan ganado los republicanos y no los demócratas.

El imperio yanqui es una realidad más evidente, más contrastable que la democracia yanqui. Este imperio no tiene todavía muchas trazas de dominar el mundo con sus soldados; pero sí de dominarlo con su dinero. Y un imperio no necesita hoy más. La organización o desorganización, del mundo, en esta época, es económica antes que política. El poder económico confiere poder político. Ahí donde los imperios antiguos desembarcaban sus ejércitos, a los imperios modernos les basta con desembarcar sus banqueros. Los Estados Unidos poseen, actualmente, la mayor parte del oro del mundo. Son una nación pletórica de oro que convive con naciones desmonetizada, exhaustas, casi mendigas. Puede, pues, dictarles su voluntad a cambio de un poco de su oro. El plan Dawes, que los Estados europeos juzgan salvador y taumatúrgico, es, ante todo, un plan de la banca norteamericana. Morgan fue el empresario y el *manager* de la conferencia de Londres. Los fautores de la política de reconstrucción europea hablan de los Estados Unidos como de un árbitro. Los libros de Nitti, verbigracia, empiezan o concluyen con un llamamiento a los Estados Unidos para que acudan en auxilio de la civilización europea.

Pero los Estados Unidos no son, como querrían, un espectador de la crisis contemporánea sino uno de sus protagonistas. Si a Europa le interesan los acontecimientos norteamericanos, a los Estados Unidos no le interesan menos los acontecimientos europeos. La bancarrota europea significaría para los Estados Unidos el principio de su propia bancarrota. Norte América se ve forzada por eso, a seguir prestando dinero a sus deudores europeos. Para que Europa le pague algún día, Norte América necesita continuar asistiéndola financieramente. No lo hace, naturalmente, sin exigir garantías excepcionales. Francia obtuvo, con Poincaré, un préstamo de la banca norteamericana a condición, de reducir sus gastos y aumentar sus impuestos. Alemania, a cambio de la ayuda financiera que le acuerda el plan Dawes, se somete al control de los Estados Unidos.

Norte-América no puede desinteresarse de la suerte de Europa. No puede encerrarse dentro de sus murallas económicas: Al revés de Europa, los Estados Unidos sufren de plétora, de oro. La experiencia norteamericana nos enseña que si la falta de oro es un mal, el exceso de oro casi es un mal también. La plétora de oro origina encarecimiento de la vida y abaratamiento del capital. El oro es fatal al mundo, en la tragedia contemporánea, como en la ópera wagneriana.

El empobrecimiento de Europa representa para las finanzas y la industria norteamericanas la pérdida de inmensos mercados. La miseria y el desorden europeos disminuyen las exportaciones norteamericanas. Producen una crisis de desocupación en la agricultura y en la industria yanquis. La desocupación a su turno exaspera la cuestión social. Crea en el proletariado un estado de ánimo favorable, a la propagación de ideas revolucionarias.

Malgrado la victoria electoral de los republicanos, malgrado su valor de afirmación imperialista y conservadora, es evidente que se difunde en los Estados Unidos un humor revolucionario. Varios hechos denuncian que los Estados Unidos no son, a este respecto, tan inexpugnables ni tan inmunes como algunos creen. El orientamiento de los obreros americanos adquiere rumbos cada vez más atrevidos. Los pequeños *farmers*, pauperizados por la baja de los productos agrícolas, desertan definitivamente de loa rangos de los viejos partidos.

También, en los Estados Unidos el antiguo sistema bipartido se encuentra en crisis. La candidatura Lafollette ha roto, definitivamente el equilibrio de la política tradicional. Anuncia la aparición de una tercera corriente. Esta corriente no ha encontrado todavía su forma ni su expresión; pero sé ha afirmado como una poderosa fuerza renovadora. A la nueva facción es absurdo augurarle un destino análogo al de la que, hace varios años, se desprendió del partido republicano para seguir a Roosevelt. Los elementos menos representativos de su proselitismo son los republicanos cismáticos. Lafollette, ha sido, ante todo y sobre todo, un candidato de grupos agrarios y laboristas. Y, además de esta, otra corriente mas avanzada, siembra en los Estados Unidos ideas e inquietudes renovadoras.

LA DEMOCRACIA CATOLICA

El compromiso entre la Democracia y la Iglesia Catolica, después de haber cancelado y curado rencores recíprocos, ha producido en Europa un partido poético de tipo más o menos internacionales que, en varios países, intenta un ensayo de reconstrucción, social sobre bases democráticos y cristianos.

Esta democracia católica catolicismo democrático ha prosperado, marcadamente, en la Europa Central. En Alemania, donde se llama *centro católico*, uno de los grandes conductores, Erzberger, que murió asesinado por un pangermanista, tuvo una figuración principal en los primeros años de la república. En Austria gobiernan los demócratas católicos. En Francia, en cambio, los católicos andan dispersos y mal avenidos. Algunos, los de la nobleza orleanista, militan en los rangos de Maurras y *L'Action Française*. Otros, de filiación republicana, se diluyen en los partidos del bloque nacional. Otros, finalmente, siguen una orientación democrática y pacifista. El líder de estos últimos elementos es el diputado Marc Sagnier, propugnador, fervoroso y místico, de una reconciliación franco-alemana.

Pero ha sido en Italia donde la democracia católica ha tenido una actividad más vigorosa, conocida y característica que en ningún otro pueblo. La concentró y la movilizó hace cinco años, con el nombre de partido popular o populista, Don Sturzo, un cura de capacidad organizadora y de sagaz inteligencia. Y el sumario de su historia, ilustra claramente el carácter y el contenido internacionales de esta corriente política.

Antes de 1919 los católicos italianos no intervenían en la política como partido. Su confesionalismo se lo vedaba. Los sentimientos de la resistencia y de la lucha contra el liberalismo, autor de la unidad italiana bajo la dinastía de la casa Saboya, estaban aún demasiado vivos. El liberalismo aparecía aún un tanto impregnado de espíritu anticlerical y masónico. Los católicos se sentían ligados a la actitud del Vaticano ante el estado italiano. Entre los católicos y los liberales, un pacto de paz había sedado algunas acérrimas discrepancias. Más entre unos y otros se interponía el recuerdo y las consecuencias del Veinte de Setiembre histórico.

La guerra, liquidada con escasa ventaja para Italia, preparó el retorno oficial de los católicos a la política italiana. Las antiguas facciones liberales, desacreditadas por los desabrimientos de la paz, habían perdido una parte de su autoridad. Las masas afluían al socialismo, decepcionadas de la idea liberal y de sus hombres. Don Sturzo aprovechó la ocasión para atraer una parte del pueblo a la idea católica, convenientemente modernizada y diestramente ornamentada con motivos democráticos. Tenía Don Sturzo regimentados ya en ligas y sindicatos a los trabajadores católicos, que, si eran minoría en la ciudad, abundaban y predominaban a veces en el campo. Estas asociaciones de trabajadores, a los cuales Don Sturzo y sus tenientes hablaban un lenguaje un tanto teñido de socialismo, fueron la base del Partido Popular. A ellas se superpusieron los elementos católicos de la burguesía y aun muchos de la aristocracia, opuestos antes a toda aceptación formal del régimen fundado por Víctor Manuel, Garibaldi, Cavour y Mazzini.

El nuevo partido, a fin de poder colaborar libremente con este régimen, declaró en su programa su independencia del Vaticano. Pero esta era una cuestión de forma. Se trataba, teórica y prácticamente, de un grupo católico, destinado a usar su influencia política en la reconquista por la Iglesia de algunas posiciones morales —la Escuela sobre todo— de las cuales la habían desalojado cincuenta años de política demo-masónica.

Favorecido por las mismas circunstancias ambientales y las mismas coyunturas políticas que auspiciaron su nacimiento, el partido católico italiano obtuvo una estruendosa victoria en las elecciones de 1919. Conquistó cien asientos en la Cámara. Pasó a ser el grupo más numeroso en el parlamento, después de los socialistas dueños de ciento cincuentaiséis votos. La colaboración de los populares resultó indispensable para el sostenimiento de un gobierno monárquico. Nitti, Giolitti, Bonomi y Pacta se apoyaron, sucesivamente, en esta colaboración. El Partido Popular era la base de toda combinación ministerial. En las elecciones de 1921 los diputados populares aumentaron de 101 a 109. El volumen político de Don Sturzo, secretario general y líder de los populares, creció extraordinariamente.

Pero la solidez del partido católico italiano era contingente, temporal, precaria. Su composición ostensiblemente heterogénea contenía los gérmenes de una escisión inevitable. Los elementos derechistas del partido, a causó de sus intereses económicos, tendían a una política antisocialista. Los elementos izquierdistas, sostenidos por numerosas falanjes campesinas, reclamaban, por el contrarió, un rumbo social-democrático: La cohesión, la unidad de la democracia católica italiana dependían, consiguientemente, de la persistencia de una política centrista en el gobierno. Apenas prevaleciera la derecha reaccionaria, o la izquierda revolucionaria, el centro, eje del cual eran los populares, tenía que fracturarse.

Con el desarrollo del movimiento fascista, o sea de la amenaza reaccionaria, se inició, por esto, la crisis del Partido Popular. Miglioli y otros líderes de la izquierda católica trabajaron a favor de una coalición popular-socialista llamada a reforzar decisivamente la política centrista y evolucionista. Una parte del Partido Socialista, abandonado ya por los comunistas, era igualmente favorable a la formación de un bloque de los populares, los socialistas y los nittianos. Se advertía, en uno y otro sector que sólo este bloque podía resistir válidamente la ola, fascista. Pero los esfuerzos tendientes a crearlo eran neutralizados, de parte de los populares por la acción de la corriente conservadora, de parte de los socialistas por la acción de la corriente revolucionaria, rebeldes ambas a juntarse en un cauce centrista.

Más tarde, la inauguración de la dictadura fascista, el ostracismo de la política democrática, dieron un golpe fatal al partido de Don Sturzo. Los populares capitularon ante el fascismo. Le dieron la colaboración de sus hombres en el gobierno y de sus votos en el parlamento. Y esta colaboración trajo aparejada la absorción por el fascismo de las capas conservadoras del Partido Popular. Mediante una política de coqueterías con el Vaticano y de concesiones a la Iglesia, en la enseñanza, Mussolini se atrajo a la derecha católica. Sus ataques a las conquistas de los trabajadores y sus favores a los intereses de los capitalistas, engendraron, en cambio, en la zona obrera del Partido Popular una creciente oposición a los métodos fascistas. A medida que se acercaban las elecciones, esta crisis se agravaba.

Actualmente, la democracia católica italiana está en pleno período de disgregación. La derecha se ha plegado al fascismo. El centro, obediente a Don Sturzo, ha reafirmado su filiación democrática.

La posición histórica de los partidos católicos en los otros países es sustancialmente la misma. La fortuna de esos partidos está indisolublemente ligada a la fortuna de la política centrista y democrática. Ahí donde esta política es vencida por la política reaccionaria, la democracia católica languidece y se disuelve. Y es que la crisis política contemporánea no es, en particular, una crisis de la democracia irreligiosa sino, en general, una crisis de la democracia capitalista. Y, en consecuencia, de nada le sirve a ésta reemplazar su traje laico por un traje católico. En estas cosas, como en otras, el hábito no hace al monje.

La escena contemporánea: III.- Hechos e ideas de la revolución rusa

III.- Hechos e ideas de la revolución rusa

La escena contemporánea José Carlos Mariátegui

TROTSKY

TROTSKY no es sólo un protagonista sino también un filósofo, un historiador y un crítico de la Revolución. Ningún líder de la Revolución puede carecer, naturalmente, de una visión panorámica y certera de sus raíces y de su génesis. Lenin, verbigracia, se distinguió por una singular facultad para percibir y entender la dirección de la historia contemporánea y el sentido de sus acontecimientos. Pero los penetrantes estudios de Lenin no abarcaron sino las cuestiones políticas y económicas. Trotsky, en cambio, se ha interesado además por las consecuencias de la Revolución en la filosofía y en el arte.

Polemiza Trotsky con los escritores y artistas que anuncian el advenimiento de un arte nuevo, la aparición de un arte proletario. ¿Posee ya la Revolución un arte propio? Trotsky mueve la cabeza. "La cultura —escribe— no es la primera fase de un bienestar: es un resultado final". El proletariado gasta actualmente sus energías en la lucha por abatir a la burguesía y en el trabajo de resolver sus problemas económicos, políticos, educacionales. El orden nuevo es todavía demasiado embrionario e incipiente. Se encuentra en un período de formación. Un arte del proletariado no puede aparecer aún. Trotsky define el desarrollo del arte como el más alto testimonio de la vitalidad y del valor de una época. El arte del proletariado no será aquél que describa los episodios de la lucha revolucionaria; será, más bien, aquél que describa la vida emanada de la revolución, de sus creaciones y de sus frutos. No es, pues, el caso de hablar de un arte nuevo. El arte, como el nuevo orden social, atraviesa un período de tanteos y de ensayos. "La revolución encontrará en el arte su imagen cuando cese de ser para el artista un cataclismo extraño a él". El arte nuevo será producido por hombres de una nueva especie. El conflicto entre la realidad moribunda y la realidad naciente durará largos años. Estos años serán de combate y de malestar. Sólo después que estos años transcurran, cuando la nueva organización humana esté cimentada y asegurada, existirán las condiciones necesarias para el desenvolvimiento de un arte del proletariado. ¿Cuáles serán los rasgos esenciales de este arte futuro? Trotsky formula algunas previsiones. El arte futuro será, a su juicio, "inconciliable con el pesimismo, con el escepticismo y con todas las otras formas de postración intelectual. Estará lleno de fe creadora, lleno de una fe sin límites en el porvenir". No es ésta, ciertamente, una tesis arbitraria. La desesperanza, el nihilismo, la morbosidad que en diversas dosis contiene la literatura contemporánea son señales características de una sociedad fatigada, agotada, decadente. La juventud es optimista, afirmativa, jocunda; la vejez es escéptica, negativa y regañona. La filosofía y el arte de una sociedad joven tendrán, por consiguiente, un acento distinto de la filosofía y del arte de una sociedad senil.

El pensamiento de Trotsky se interna, por estos caminos, en otras conjeturas y en otras interpretaciones. Los esfuerzos de la cultura y de la inteligencia burguesas están dirigidos principalmente al progreso de la técnica y del mecanismo de la producción. La ciencia es aplicada, sobre todo, a la creación de un maquinismo cada día más perfecto. Los intereses de la clase dominante son adversos a la racionalización de la producción; y son adversos, por ende, a la racionalización de las costumbres. Las preocupaciones de la humanidad resultan, sobre todo, utilitarias. El ideal de nuestra época es la ganancia y el ahorro. La acumulación de riquezas aparece como la mayor finalidad de la vida humana. Y bien. El orden nuevo, el orden revolucionario, racionalizará y humanizará las costumbres. Resolverá los problemas que, a causa; de su estructura y de su función, el orden burgués es impotente para solucionar. Consentirá la liberación de la mujer de la servidumbre doméstica, asegurará la educación social de los niños, libertará al matrimonio de las preocupaciones económicas. El socialismo, tan motejado y acusado de materialista, resulta, en suma, desde este punto de vista, una reivindicación, un renacimiento de valores espirituales y morales, oprimidos por la organización y los métodos capitalistas. Si en la época capitalista prevalecieron ambiciones e intereses materiales, la época proletaria, sus modalidades y sus instituciones se inspirarán en intereses e ideales éticos.

La dialéctica de Trotsky nos conduce a una previsión optimista del porvenir del Occidente y de la Humanidad. Spengler anuncia la decadencia total de Occidente. El socialismo, según su teoría, no es sino una etapa de la trayectoria de una civilización. Trotsky constata únicamente la crisis de la cultura burguesa, el tramontó de la sociedad capitalista. Esta cultura, esta sociedad, envejecidas, hastiadas, desaparecen; una nueva cultura, una nueva sociedad emergen de su entraña. La ascensión de una nueva clase dominante, mucho más extensa en sus raíces, más vital en su contenido que la anterior, renovará y alimentará las energías mentales y morales de la humanidad. El progreso de la humanidad aparecerá entonces dividido en las siguientes etapas principales: antigüedad (régimen esclavista); edad media (régimen de servidumbre); capitalismo (régimen del salario); socialismo (régimen de igualdad social).Los veinte, los treinta, los cincuenta años que durará la revolución proletaria, dice Trotsky, marcarán una época de transición.

¿El hombre que tan sutil y tan hondamente teoriza, es el mismo que arengaba y revistaba al ejército rojo Algunas personas no conocen tal vez, sino al Trotsky de traza marcial de tantos retratos y tantas caricaturas. Al Trotsky del tren blindado, al Trotsky Ministro de Guerra y Generalísimo, al Trotsky que amenaza a Europa, con una invasión napoleónica. Y este Trotsky en verdad no existe. Es casi únicamente una invención de la prensa. El Trotsky real, el Trotsky verdadero es aquél que nos revelan sus escritos. Un libro da siempre de un hombre una imagen más exacta y más verídica que un uniforme Un generalísimo, sobre todo, no puede filosofar tan humana y tan humanitariamente. ¿Os imagináis a Foch, a Ludendorf a Douglas Haig en la actitud mental de Trotsky?

La ficción del Trotsky marcial, del Trotsky napoleónico, procede de un solo aspecto del rol del célebre revolucionario en la Rusia de los Soviets: el comando del ejército rojo. Trotsky, como es notorio, ocupó primeramente el Comisariato de Negocios extranjeros. Pero el sesgo final de las negociaciones de Brest Litowsk lo obligó a abandonar ese ministerio. Trotsky quiso que Rusia opusiera al militarismo alemán una actitud tolstoyana: que rechazase la paz que se le imponía y que se cruzase de brazos, indefensa, ante el adversario. Lenin, con mayor sentido político, prefirió la capitulación. Trasladado al Comisariato de Guerra, Trotsky recibió el encargo de organizar el ejército rojo. En esta obra mostró Trotsky su capacidad de organizador y de realizador. El ejército ruso estaba disuelto. La caída del zarismo, el proceso de la revolución, la liquidación de la guerra, produjeron su aniquilamiento. Los Soviets carecían de elementos para reconstituirlo. Apenas si quedaban, dispersos, algunos materiales bélicos. Los jefes y oficiales monarquistas, a causa de su evidente humor reaccionario, no podían ser utilizados. Momentáneamente, Trotsky trató de servirse del auxilio técnico de las misiones militares aliadas, explotando el interés de la Entente de recuperar la ayuda de Rusia contra Alemania. Mas las misiones aliadas deseaban, ante todo, la caída de los bolcheviques. Si fingían pactar con ellos era para socavarlos mejor. En las misiones aliadas Trotsky no encontró sino un colaborador leal: el capitán Jacques Sadoul,3 miembro de la embajada francesa, que acabó adhiriéndose a la Revolución, seducido por su ideario y por sus hombres. Los Soviets, finalmente, tuvieron que echar de Rusia a los diplomáticos y militares de la Entente. Y, dominando todas las dificultades, Trotsky llegó a crear un poderoso ejército que defendió victoriosamente a la Revolución de los ataques de todos sus enemigos externos e internos. El núcleo inicial de este ejército fueron doscientos mil voluntarios de la vanguardia y de la juventud comunista. Pero, en el período de mayor riesgo para los Soviets, Trotsky comandó un ejército de más de cinco millones de soldados.

Y, como su ex-generalísimo, el ejército rojo es un caso nuevo en la historia militar del mundo. Es un ejército que siente su papel de ejército revolucionario y que no olvida que su fin es la defensa de la revolución. De su ánimo está excluido, por ende, todo sentimiento específica y marcialmente imperialista. Su disciplina, su organización y su estructura son revolucionarias. Acaso, mientras el generalísimo escribía un artículo sobre Romain Rolland, los soldados evocaban a Tolstoy o leían a Kropotkin.

LUNATCHARSKY

La figura y la obra del Comisario de Instrucción Pública de los Soviets se han impuesto, en todo el mundo occidental, a la consideración de la propia burguesía. La revolución rusa fue declarada, en su primera hora, una amenaza para la Civilización. El bolchevismo, descrito como una horda bárbara y asiática, creaba fatalmente, según el coro innumerable de sus detractores, una atmósfera irrespirable pala el Arte y la Ciencia. Se formulaban los más lúgubres augurios sobre, el porvenir de la cultura rusa. Todas estas conjeturas, todas estas aprehensiones, están ya liquidadas. La obra más sólida, tal vez, de la revolución rusa, es precisamente la obra realizada en el terreno de la instrucción pública. Muchos hombres de estudio europeos y americanos, que han visitado Rusia, han reconocido la realidad de esta obra. La revolución rusa, dice Herriot en su libro *La Russie Nouvelle*, tiene el culto de la ciencia. Otros testimonios de intelectuales igualmente distantes del comunismo coinciden con el del estadista francés. Wells clasifica a Lunatcharsky entre los mayores espíritus constructivos de la Rusia nueva. Lunatcharsky, ignorado por el mundo hasta hace siete años, es actualmente, un personaje de relieve mundial.

La cultura rusa, en los tiempos del zarismo, estaba acaparada por una pequeña elite. El pueblo sufría no sólo una gran miseria física sino también una gran miseria intelectual. Las proporciones del analfabetismo eran aterradoras. En Petrogrado el censo de 1910 acusaba un 31% de analfabetos y un 49 por ciento de semi-analfabetos. Poco importaba que la nobleza se regalase con todos los refinamientos de la moda y el arte occidentales, ni que en la universidad se debatiese todas las grandes ideas contemporáneas. El mujik, el obrero, la muchedumbre, eran extraños a esta cultura.

La revolución dio a Lunatcharsky el encargo de echar las bases de una cultura proletaria. Los materiales disponibles para esta obra gigantesca, no podían ser más exiguos. Los soviets tenían que gastar la mayor parte de sus energías materiales y espirituales en la defensa de la revolución, atacada en todos los frentes por las fuerzas reaccionarias. Los problemas de la reorganización económica de Rusia debían ocupar la acción de del bolchevismo. Lunatcharsky contaba con pocos auxiliares. Los hombres de ciencia y de letras casi todos los elementos técnicos e intelectuales de la burguesía saboteaban los esfuerzos de la revolución. Faltaban maestros para las nuevas y antiguas escuelas. Finalmente, los episodios de violencia y de terror de la lucha revolucionaria mantenían en Rusia una tensión guerrera hostil a todo trabajo de reconstrucción cultural. Lunatcharsky asumió, sin embargo, la ardua faena. Las primeras jornadas fueron demasiado duras y desalentadoras: Parecía imposible salvar todas las reliquias del arte ruso. Este peligro desesperaba a Lunatcharsky. Y, cuando circuló en Petrogrado la noticia de que las iglesias del Kremlin y la catedral de San Basilio habían sido bombardeadas y destruidas por las tropas de la revolución, Lunatcharsky se sintió sin fuerzas para continuar luchando en medio de la tormenta. Descorazonado, renunció a su cargo. Pero, afortunadamente, la noticia resultó falsa. Lunatcharsky obtuvo la seguridad de que los hombres de la revolución lo ayudarían con toda su autoridad en su empresa. La fe no volvió a abandonarlo.

El patrimonio artístico de Rusia ha sido íntegramente salvado. No se ha perdido ninguna obra de arte. Los museos públicos se han enriquecido con los cuadros, las estatuas y reliquias de colecciones privadas. Las obras de arte, monopolizadas antes por la aristocracia y la burguesía rusas, en sus palacios y en sus mansiones, se exhiben ahora en las galerías del Estado. Antes eran un lujo egoísta de la casta dominante; ahora son un elemento de educación artística del pueblo.

Lunatcharsky, en éste como en otros campos, trabaja por aproximar el arte a la muchedumbre. Con este fin ha fundado, por ejemplo, el *Proletcult*, comité de cultura proletaria, que organiza el teatro del pueblo. El *Proletcult*, bastamente difundido en Rusia, tiene en las principales ciudades una, actividad fecunda. Colaboran en el *Proletcult*, obreros, artistas y estudiantes, fuertemente poseídos del afán de crear un arte revolucionario. En las salas de la sede de Moscú se discuten todos los tópicos de esta cuestión. Se teoriza ahí bizarra y arbitrariamente sobre el arte y la revolución. Los estadistas de la Rusia nueva no comparten las ilusiones de los artistas de vanguardia. No creen que la sociedad o la cultura proletarias puedan producir ya un arte propio. El arte, piensan, es un síntoma de plenitud de un orden social. Mas este concepto no disminuye su interés por ayudar y estimular el trabajo impaciente de los artistas jóvenes. Los ensayos, las búsquedas de los cubistas, los expresionistas y los futuristas de todos los matices, han encontrado en el gobierno de los soviets una acogida benévola. No significa, sin embargo, este favor, una adhesión a la tesis de la inspiración revolucionaria del futurismo. Trotsky y Lunatcharsky, autores de autorizadas y penetrantes críticas sobre las relaciones del arte y la revolución, se han guardado mucho de amparar esa tesis. "El futurismo —escribe Lunatcharsky— es la continuación del arte burgués con ciertas actitudes revolucionarias. El proletariado cultivará también el arte del pasado, partiendo tal vez directamente del Renacimiento, y lo llevará adelante más lejos y más alto que todos los futuristas y en una dirección absolutamente diferente". Pero las manifestaciones del arte de vanguardia, en sus máximos estilos, no son en ninguna parte tan estimadas y valorizadas como en Rusia. El sumo poeta de la Revolución, Mayavskovsky, procede de la escuela futurista.

Más fecunda, más creadora aún es la labor de Lunatcharsky en la escuela. Esta labor se abre paso a través de obstáculos a primera vista insuperables: la insuficiencia del presupuesto de instrucción pública, la pobreza del material escolar, la falta de maestros. Los soviets, a pesar de todo, sostienen un número de escuelas varias veces mayor del que sostenía el régimen zarista. En 1917 las escuelas llegaban a 38,000. En 1919 pasaban de 62,000. Posteriormente, muchas nuevas escuelas han sido abiertas. El Estado comunista se proponía dar a sus escolares alojamiento, alimentación y vestido. La limitación de sus recursos no le ha consentido cumplir, íntegramente esta parte de su programa. Setecientos mil niños habitan, sin embargo, a sus expensas, las escuelas-asilos. Muchos lujosos hotel muchas mansiones solariegas, están transformadas en colegios o en casas de salud para niños. El niño, según una exacta observación del economista francés Charles Gide, es en Rusia el usufructuario, el *profiteur* de la revolución. Para los revolucionarios rusos el niño representa realmente la humanidad nueva.

En una conversación con Herriot, Lunatcharsky ha trazado así los rasgos esenciales de su política educacional: "Ante todo, hemos creado la escuela única. Todos, nuestros niños deben pasar por la escuela elemental dónde la enseñanza dura cuatro años. Los mejores, reclutados según el mérito, en la proporción de uno sobre seis, siguen luego, el segundo ciclo durante cinco años. Después de estos nueve años de estudios, entrarán en la Universidad. Está es la vía normal. Pero, para conformarnos a nuestro programa proletario, hemos querido conducir directamente a los obreros a la enseñanza superior. Para arribar a este resulto, hacernos una selección en las usinas entre trabajadores de 18 a 30 años. El Estado aloja y alimenta a estos grandes alumnos. Cada Universidad posee su facultad obrera. Treinta mil estudiantes de esta clase han seguido ya una enseñanza que les permite, estudiar para ingenieros o médicos. Queremos reclutar ocho mil por año, mantener durante tres años a estos hombres en la facultad obrera, enviarlos después a la Universidad misma". Herriot declara que este optimismo es justificado. Un investigador alemán ha visitado las facultades, obreras y ha constatado que sus estudiantes se mostraban hostiles a la vez al diletantismo y al dogmatismo. "Nuestras escuelas —continúa Lunatcharsky— son mixtas. Al principio la coexistencia de los dos sexos ha asustado a los maestros y provocado incidentes. Hemos, tenido algunas novelas molestas. Hoy, todo ha entrado en orden. Si se habitúa a los niños de ambos sexos a vivir juntos desde la infancia, no hay que temer nada inconveniente cuándo son adolescentes. Mixta, nuestra escuela es también, laica. La disciplina misma ha sido cambiada: queramos que los niños sean educados en una atmósfera de amor. Hemos ensayado además algunas creaciones de un orden más especial. La primera es la universidad destinada a formar funcionarios de los jóvenes que nos son designados por los soviets de provincia. Los cursos duran uno ó tres años. De otra parte, hemos creado la Universidad de los pueblos de Oriente que tendrá, a nuestro juicio, una enorme influencia política. Esta Universidad ha recibido ya un millar de jóvenes venidos de la India, de la China, del Japón, de Persia. Preparamos así nuestros misioneros."

El Comisario de Instrucción Pública de los Soviets es un brillante tipo de hombre de letras. Moderno, inquieto, humano, todos los aspectos de la vida lo apasionan y lo interesan. Nutrido de cultura occidental, conoce profundamente las diversas literaturas europeas. Pasa de un ensayo sobre Shakespeare a otro sobre Maiakovski. Su cultura literaria es, al mismo tiempo, muy antigua y muy moderna. Tiene Lunatcharsky una comprensión ágil del pasado, del presente y del futuro. Y no es un revolucionario de la última sino de la primera hora. Sabe que la creación de nuevas formas sociales es una obra política y no una obra literaria. Se siente, por eso, político antes que literato. Hombre de su tiempo, no quiere ser un espectador de la revolución; quiere ser uno de sus actores, uno de sus protagonistas. No se contenta con sentir o comentar la historia; aspira a hacerla. Su biografía acusa en él una contextura espiritual de personaje histórico.

Se enroló Lunatcharsky, desde su juventud, en las filas del socialismo. El cisma del socialismo ruso lo encontró entre los bolcheviques, contra los mencheviques. Como a otros revolucionarios rusos, le tocó hacer vida de emigrado. En 1907 se vio forzado a dejar Rusia. Durante el proceso de definición del bolchevismo, su adhesión a una fracción secesionista, lo alejó temporalmente de su partido; pero su recta orientación revolucionaria lo condujo pronto al lado de sus camaradas. Dividió su tiempo, equitativamente, entre la política y las letras. Una página de Romain Rolland nos lo señala en Ginebra, en enero de 1917, dando una conferencia sobre la vida y la obra de Máximo Gorki. Poco después, debía empezar el más interesante capítulo de su biografía: su labor de Comisario de Instrucción Pública de los Soviets.

Anatolio Lunatcharsky, en este capítulo de su biografía, aparece como uno de los más altos animadores y conductores de la revolución rusa. Quien más profunda y definitivamente está revolucionando a Rusia es Lunatcharsky. La coerción de las necesidades económicas puede modificar o debilitar, en el terreno de la economía o de la política, la aplicación de la doctrina comunista. Pero la supervivencia o la resurrección de algunas formas capitalistas no comprometerán en ningún caso, mientras sus gestores conserven en Rusia el poder político, el porvenir de la revolución. La escuela, la universidad de Lunatcharsky están modelando, poco a poco, una humanidad nueva. En la escuela, en la universidad de Lunatcharsky se está incubando el porvenir.

DOS TESTIMONIOS

Se predecía que Francia sería la última en reconocer *de jure* a los Soviets. La historia no ha querido conformarse a esta predicción. Después de seis años de ausencia, Francia ha retornado, finalmente, a Moscú. Una embajada bolchevique funciona en París en el antiguo palacio de la Embajada zarista que, casi hasta la víspera de la llegada de los representantes de la Rusia nueva, alojaba a algunos emigrados y diplomáticos de la Rusia de los zares.

Francia ha liquidado y cancelado en pocos meses la política agresivamente anti-rusa de los gobiernos del Bloque Nacional. Estos gobiernos habían colocado a Francia a la cabeza de la reacción anti-sovietista. Clemenceau definió la posición de la burguesía francesa frente a los Soviets en una frase histórica: "La cuestión entre los bolcheviques y nosotros es una cuestión de fuerza". El gobierno francés reafirmó, en diciembre de 1919, en un debate parlamentario, su intransigencia rígida, absoluta, categórica; Francia no quería ni podía tratar ni discutir con los Soviets. Trabajaba, con todas sus fuerzas, por aplastarlo. Millerand continuó esta política. Polonia fue armada y dirigida por Francia en su guerra con Rusia. El sedicente gobierno del general Wrangel, aventurero asalariado que depredaba Crimea con sus turbias mesnadas, fue reconocido por Francia como gobierno de hecho de Rusia. Briand intentó en Cannes, en 1921, una mesurada rectificación de la política del Bloque Nacional respecto a los Soviets y a Alemania. Esta tentativa le costó la pérdida del poder. Poincaré, sucesor de Briand, saboteó en las conferencias de Génova y de La Haya toda inteligencia con el gobierno ruso. Y hasta el último día de su ministerio se negó a modificar su actitud. La posición teórica y práctica de Francia había, sin embargo, mudado poco a poco. El gobierno de Poincaré no pretendía ya que Rusia abjurase su comunismo para obtener su readmisión en la sociedad europea. Convenía en que los rusos tenían derecho para darse el gobierno que mejor les pareciese. Sólo se mostraba intransigente en cuanto a, las deudas rusas. Exigía, a este respecto, una capitulación plena de los Soviets. Mientras, esta capitulación no viniese, Rusia debía seguir excluida, ignorada, segregada de Europa y de la civilización occidental. Pero Europa no podía prescindir indefinidamente de la cooperación de un pueblo de ciento treinta millones de habitantes, dueño de un territorio de inmensos recursos agrícolas y mineros. Los peritos de la política de reconstrucción europea demostraban cotidianamente la necesidad de reincorporar a Rusia en Europa. Y los estadistas europeos, menos sospechosos de rusofilia, aceptaban, gradualmente, esta tesis. Eduardo Benes, Ministro de Negocios Extranjeros de Checoeslovaquia, notoriamente situado bajo la influencia francesa, declaraba, a la Cámara checa: "Sin Rusia, una política y una paz europeas no son posibles". Inglaterra, Italia y otras potencias concluían por reconocer *de jure* el gobierno de los Soviets. Y el móvil de esta actitud no era, por cierto, un sentimiento filobolchevista. Coincidían en la misma actitud el laborismo inglés y el fascismo italiano. Y si los laboristas tienen parentesco ideológico con los bolcheviques, los fascistas, en cambio, aparecen en la historia contemporánea cómo los representantes característicos del antibolchevismo. A Europa no la empujaba hacia Rusia sino la urgencia de readquirir mercados indispensables para el funcionamiento normal de la economía europea. A Francia sus intereses le aconsejaban no sustraerse a este movimiento. Todas las razones de la política de bloqueo de Rusia habían prescrito. Esta política no podía ya conducir al aislamiento de Rusia sino, más bien, al aislamiento de Francia.

Propugnadores eficaces, de esta tesis han sido Herriot y De Monzie. Herriot desde 1922 y De Monzie desde 1923 emprendieron una enérgica y vigorosa campaña por modificar la opinión de la burguesía, y la pequeña burguesía francesas respecto a la cuestión rusa. Ambos visitaron Rusia, interrogaron a sus hombres, estudiaron su régimen. Vieron con sus propios ojos la nueva vida rusa. Constataron, personalmente, la estabilidad y la fuerza del, régimen emergido de la revolución. Herriot ha reunido en un libro, *La Rusia Nueva*, las impresiones de su visita. De Monzie ha juntado en otro libro, *Del Kremlin al Luxemburgo*, con las notas de su viaje, todas las piezas de su campaña por un acuerdo franco-ruso.

Estos libros son dos documentos sustantivos de la nueva política de Francia frente a los Soviets. Y son también dos testimonios burgueses de la rectitud y la grandeza de los hombres y las ideas de la difamada revolución. Ni Herriot ni De Monzie, aceptan, por supuesto, la doctrina comunista. La juzgan desde sus puntos de vista burgueses y franceses. Ortodoxamente fieles a la democracia burguesa, se guardan de incurrir en la más leve herejía. Pero, honestamente, reconocen la vitalidad de los Soviets y la capacidad de los líderes soviéticos. No proponen todavía en sus libros, a pesar de estas constataciones, el reconocimiento inmediato y completo de los Soviets. Herriot, cuando escribía las conclusiones de su libro, no pedía sino que Francia se hiciese representar en Moscú. "No se trata absolutamente —decía— de abordar el famoso problema del reconocimiento *de jure* que seguirá reservado". De Monzie, más prudente y mesurado aún, en su discurso de abril en el senado francés, declaraba, pocos días antes de las elecciones destinadas a arrojar del poder a Poincaré, que el reconocimiento *de jure* de los Soviets no debía preceder al arreglo de la cuestión de las deudas rusas. Proposiciones que, en poco tiempo, resultaron demasiado tímidas e insuficientes. Herriot, en el poder, no sólo abordó el famoso problema del reconocimiento *de jure*: lo resolvió. A De Monzie le tocó ser uno de los colaboradores de esta solución.

Hay en el libro de Herriot mayor comprensión histórica que en el libro de De Monzie. Herriot considera el fenómeno ruso con un espíritu más liberal. En las observaciones de De Monzie se constata, a cada rato la técnica y la mentalidad del abogado que no puede proscribir de sus hábitos el gusto de chicanear un poco. Revelan, además, una exagerada aprehensión de llegar a conclusiones demasiado optimistas. De Monzie confiesa su "temor exasperado de que se le impute haber visto de color de rosa la Rusia roja". Y, ocupándose de la justicia bolchevique, hace constar que describiéndola "no ha omitido ningún trazo de sombra". El lenguaje de De Monzie es el de un jurista; el lenguaje de Herriot es, más bien, el de un rector de la democracia, saturado de la ideología de la Revolución Francesa.

Herriot explora, rápidamente, la historia rusa. Encuentra imposible comprender la Revolución Bolchevique sin conocer previamente sus raíces espirituales e ideológicas. "Un hecho tan violento como la revolución rusa —escribe— supone una larga serie de acciones anteriores. No es, a los ojos del historiador, sino una consecuencia". En la historia, de Rusia, sobre todo en la historia del pensamiento ruso, descubre Herriot claramente las causas de la revolución, Nada de arbitrario, nada de antihistórico, nada, de romántico ni artificial de este acontecimiento. La Revolución Rusa, según Herriot ha sido "una conclusión y una resultante". ¡Qué lejos está el pensamiento de Herriot de la tesis grosera y estúpidamente simplista que calificaba el bolchevismo como una trágica y siniestra empresa semita, conducida por una banda de asalariados de Alemania, nutrida de rencores y pasiones disolventes, sostenida por una guardia mercenaria de lansquenetes chinos! "Todos los servicios de la administración rusa —afirma

Herriot— funcionan, en cuanto a los jefes, honestamente ¿Se puede decir lo mismo de muchas democracias occidentales?

No cree Herriot, cómo es natural en su caso, que la revolución pueda seguir una vía marxista. "Fijo todavía en su forma política, el régimen sovietista ha evolucionado ya ampliamente en el orden económico bajo la presión de esta fuerza invencible y permanente: la vida". Busca Herriot las pruebas de su aserción en las modalidades y consecuencias de la nueva política económica rusa. Las concesiones hechas por los Soviets a la iniciativa y al capital privado, en el comercio, la industria y la agricultura, son anotadas por Herriot con complacencia. La justicia bolchevique en cambio le disgusta. No repara Herriot en que se trata de una justicia revolucionaria. A una revolución no se le puede pedir tribunales ni códigos modelos. La revolución formula los principios de un nuevo derecho; pero no codifica la técnica de su aplicación. Herriot además no puede explicarse ni éste ni otros aspectos del bolchevismo. Como él mismo agudamente lo comprende, la lógica francesa pierde en Rusia sus derechos. Más interesantes son las páginas en que su objetividad no encalla en tal escollo. En estas páginas Herriot cuenta sus conversaciones con Kamenef, Trotsky, Krassin, Rykoff, Dzerjinski, etc. En Dzerjinski reconoce un Saint Just eslavo. No tiene inconveniente en comparar al jefe de la *Checa*, al Ministro del Interior de la Revolución Rusa, con el célebre personaje de la Convención francesa. En este hombre, de quien la burguesía occidental nos ha, ofrecido tantas veces la más sombría imagen, Herriot encuentra un aire de asceta, una figura de icono. Trabaja en un gabinete austero, sin calefacción, cuyo acceso no defiende ningún soldado.

El ejército rojo impresiona favorablemente a Herriot. No es ya un ejército de seis millones de soldados como en los días críticos de la contra-revolución. Es un ejército de menos de ochocientos mil soldados, número modesto para un país tan vasto y tan acechado. Y nada más extraño a su ánimo que el sentimiento imperialista y conquistador que frecuentemente se le atribuye. Remarca Herriot una disciplina perfecta, una moral excelente. Y observa, sobre todo, un gran entusiasmo por la instrucción una gran sed de cultura. La revolución afirma en el cuartel su culto por la ciencia. En el cuartel, Herriot advierte profusión de libros y periódicos; ve un pequeño museo de historia natural, cuadros de anatomía; halla a los soldados inclinados sobre sus libros. "Malgrado la distancia jerárquica en todo observada —agrega— se siente circular una sincera fraternidad. Así concebida el cuartel se convierte en un medio social de primera importancia. El ejército rojo es precisamente una de las creaciones más originales y más fuertes dé la joven revolución".

Estudia el libro de Herriot las fuerzas económicas de Rusia. Luego se ocupa de sus fuerzas morales. Expone, sumariamente, la obra de Lunatcharsky. "En su modesto gabinete de trabajo del Kremlin, más desnudo que la celda de un monje, Lunatcharsky, gran maestro de la universidad sovietista", explican a Herriot el estado actual de la enseñanza y de la cultura en la Rusia nueva. Herriot describe su visita a una pinacoteca. "Ningún cuadro, ningún mueble de arte ha sufrido a causa de la Revolución: Esta colección de pintura moderna, rusa se ha enriquecido notablemente en los últimos años". Constata Herriot los éxitos de la política de los Soviets en el Asia, que "presenta a Rusia como la gran libertadora de los pueblos del Oriente". La conclusión esencial del libro es ésta: "La vieja Rusia ha muerto, muerto para siempre. Brutal pero lógica, violenta, mas consciente de su fin, se ha producido una Revolución hecha de rencores, de sufrimientos, de cóleras desde hacía largo tiempo acumuladas".

De Monzie empieza por demostrar que Rusia no es ya el país bloqueado, ignorado, aislado, de hace algunos años. Rusia recibe todos los días ilustres visitas. Norte América es una de las naciones que demuestra más interés por explorarla y estudiarla. El elenco de huéspedes norteamericanos de los últimos tiempos es interesante: el profesor Johnson, el ex-gobernador Goodrich, Meyer Blomfield, los senadores Wheeler, Brookkhart, William King, Edwin Ladde, los obispos Blake y Nuelsen, el ex-Ministro del Interior Sécy Fall, el diputado Frear, John Sinclair, el hijo de Roosevelt, Irvings Bush, Dodge y Dellin de la Standard Oil. El cuerpo diplomático residente en Moscú es numeroso. La posición de Rusia en el Oriente se consolida día a día; De Monzie entra en seguida, a examinar las manifestaciones del resurgimiento ruso. Teme a veces engañarse; pero, confrontando sus impresiones con las de los otros visitantes; se ratifica en su juicio. El representante de la Compañía General Transatlántica, Maurice Longe piensa como De Monzie: "La resurrección nacional de Rusia es un hecho, su renacimiento económico es otro hecho y su deseo de reintegrarse en la civilización occidental es innegable". De Monzie reconoce también a Lunatcharsky el mérito de haber salvado los tesoros del arte ruso, en particular del arte religioso. "Jamás una revolución —declara— fue tan respetuosa de los monumentos" La leyenda de la dictadura le parece a De Monzié muy exagerada. "Si no hay en Moscú control parlamentario, ni libre opinión para suplir este control, ni sufragio universal, ni nada equivalente al referendum suizo, no es menos cierto que el sistema no inviste absolutamente de plenos poderes a los comisarios del pueblo u otros dignatario de la república". Lenin, ciertamente, hizo figura de dictador; pero "nunca un dictador se manifestó más preocupado de no serlo, de no hablar en su propio nombre, de sugerir en vez de ordenar": El senador francés equipara a Lenin con Cromwell. "¡Semejanza entre los dos jefes —exclama—, parentesco entre las dos revoluciones!" Su crítica de la política francesa frente a Rusia es robusta. La confronta y compara con la política inglesa. Halla en la historia un antecedente de ambas políticas. Recuerda, la actitud de Inglaterra y de Francia ante la revolución americana. Canning interpretó entonces el tradicional buen sentido político de los ingleses. Inglaterra se apresuró a reconocer las repúblicas revolucionarias de América y a comerciar con ellas. El gobierno francés, en tanto, miró hostilmente a las nuevas repúblicas hispano-americanas y usó este lenguaje: "Si Europa es obligada a reconocer los gobiernos de hecho de América, toda su política debe tender a hacer nacer monarquías en el nuevo mundo en lugar de esas repúblicas revolucionarias que nos enviarán sus principios con los productos de su suelo". La reacción francesa soñaba con mandarnos uno o dos príncipes desocupados. Inglaterra se preocupaba de trocar sus mercaderías con nuestros productos y nuestro oro. La Francia republicana de Clemenceau y Poincaré había heredado, indudablemente, la política de la Francia monárquica del vizconde Chateaubriand.

Los libros de De Monzie y Herriot son dos sólidas e implacables requisitorias contra esa política francesa, obstinada en renacer, no obstante su derrota de mayo. Y son, al mismo tiempo, dos documentados y sagaces testimonios de la burguesía intelectual sobre la Revolución Bolchevique.

ZINOVIEV Y LA TERCERA INTERNACIONAL

Periódicamente, un discurso o una carta de Gregorio Zinoviev saca de quicio a la burguesía. Cuando Zinoviev no escribe ninguna proclama, los burgueses, nostálgicos de su prosa, se encargan de inventarle una o dos. Las proclamas de Zinoviev recorren el mundo dejando tras de sí una estela de terror y de pavura. Tan seguro es el poder explosivo de estos documentos que su empleo ha sido ensayado en la última; campaña electoral británica. Los adversarios del laborismo descubrieron, en vísperas de las elecciones, una espeluznante comunicación de Zinoviev. Y la usaron, sensacionalmente, como, un estimulante de la voluntad combativa de la burguesía. ¿Qué honesto y apacible burgués no iba a horrorizarse de la posibilidad de que Mac Donald continuara en el poder? Mac Donald pretendía que la Gran Bretaña prestara dinero a Zinoviev y, a los demás comunistas rusos. Y, entre tanto, ¿qué hacía Zinoviev? Zinoviev excitaba al proletariado británico a la revolución. Para la gente bien informada, el descubrimiento carecía de importancia. Desde hace muchos años Zinoviev no se ocupa de otra cosa que de predicar la revolución. A veces se ocupa de algo más audaz todavía: de organizarla. El oficio de Zinoviev consiste, precisamente, en eso. ¿Y cómo se puede honradamente querer que un hombre no cumpla su oficio?

Una parte del público no conoce, por ende, a Zinoviev sino como un formidable fabricante de panfletos revolucionarios. Es probable hasta que compare la producción de panfletos de Zinoviev con la producción de automóviles de Ford, por ejemplo. La Tercera Internacional debe ser, para esa parte del público, algo así como una denominación de la Zinoviev Co. Ltd., fabricante de manifiestos contra la burguesía.

Efectivamente, Zinoviev es un gran panfletista. Mas el panfleto no es sino un instrumento político. La política en estos tiempos es, necesariamente, panfletaria. Mussolini, Poincaré, Lloyd George son también panfletistas a su modo. Amenazan y detractan a los revolucionarios, más o menos como Zinoviev amenaza y detracta a los capitalistas. Son primeros ministros de la burguesía como Zinoviev, podría serlo de la revolución. Zinoviev cree, que un agitador vale casi siempre más que un ministro.

Por pensar de éste modo. preside la Tercera Internacional, en vez de desempeñar un comisariato del pueblo. A la presidencia de la Tercera Internacional lo han llevado su historia y su calidad revolucionarias y su condición de discípulo y colaborador de Lenin.

Zinoviev es un polemista orgánico. Su pensamiento y su estilo son esencialmente polémicos. Su testa dantoniana y tribunicia tiene una perenne actitud beligerante. Su dialéctica es ágil, agresiva, cálida, nerviosa. Tiene matices de ironía y de *humour*. Trata, despiadada y acérrimamente, al adversario, al contradictor.

Pero es Zinoviev, sobre todo, un depositario, de la doctrina de Lenin, un continuador de su obra. Su teoría y su práctica son, invariablemente, la teoría y la práctica de Lenin. Posee una historia absolutamente bolchevique. Pertenece a la vieja guardia del comunismo ruso. Trabajó con Lenin, en él extranjero, antes de la revolución Fue uno de los maestros de la escuela marxista rusa dirigida por Lenin en París.

Estuvo siempre al lado de Lenin. En el comienzo de la revolución hubo, sin embargo, un instante en que su opinión discrepó de la de su maestro. Cuando Lenin decidió el asalto del poder, Zinoviev juzgó prematura su resolución. La historia dio la razón a Lenin. Los bolcheviques conquistaron y conservaron el poder. Zinoviev recibió el encargo de organizar la Tercera Internacional.

Exploremos rápidamente la historia de esta Tercera Internacional desde sus orígenes.

La Primera Internacional fundada por Marx y Engels en Londres, no fue sino un bosquejo, un germen, un programa. La realidad internacional no estaba aún definida. El socialismo era una fuerza en formación. Marx acababa de darle concreción histórica. Cumplida su función de trazar las orientaciones de una acción internacional de los trabajadores, la Primera Internacional se sumergió en la confusa nebulosa de la cual había emergido. Pero la voluntad de articular internacionalmente el, movimiento socialista quedó formulada. Algunos años después, la Internacional reapareció vigorosamente. El crecimiento de los partidos y sindicatos socialistas requería una coordinación y una articulación internacionales. La función de la Segunda Internacional fue casi únicamente una función organizadora. Los partidos socialistas de esa época efectuaban una labor de reclutamiento. Sentían que la fecha de la revolución social se hallaba lejana. Se propusieron, por consiguiente, la conquista de algunas reformas internas. El movimiento obrero adquirió así un ánima y una mentalidad reformistas. El pensamiento de la social-democracia lassalliana dirigió a la Segunda Internacional. A consecuencia de este orientamiento, el socialismo resultó insertado en la democracia. Y la Segunda Internacional, por esto, no pudo nada contra la guerra. Sus líderes y secciones se habían habituado a una actitud reformista y democrática. Y la resistencia a la guerra reclamaba una actitud revolucionaria. El pacifismo de la Segunda Internacional era un pacifismo extático, platónico, abstracto. La Segunda Internacional no se encontraba espiritual ni materialmente preparada para una acción revolucionaria. Las minorías socialistas y sindicalistas trabajaron en vano por empujarla en esa dirección. La guerra fracturó y disolvió la Segunda Internacional. Únicamente algunas minorías continuaron representando su tradición y su ideario. Estas minorías se reunieron en los congresos de Khiental y Zimmerwald, donde se bosquejaron las bases de una nueva organización internacional. La revolución rusa impulsó este movimiento. En marzo de 1919 quedó fundada la Tercera Internacional, Bajo sus banderas se han agrupado los elementos revolucionarios del socialismo y del sindicalismo.

La Segunda Internacional ha reaparecido con la misma mentalidad, los mismos hombres y el mismo pacifismo platónico de los tiempos prebélicos. En su estado mayor se concentran los líderes clásicos del socialismo: Vandervelde, Kautsky, Bernstein, Turati, etc. Malgrado la guerra, estos hombres no han perdido su antigua fe en el método reformista. Nacidos de la democracia, no pueden renegarla. No perciben los efectos históricos de la guerra. Obran como si la guerra no hubiese roto nada, no hubiese fracturado nada, no hubiese interrumpido nada. No admiten ni comprenden la existencia de una realidad nueva. Los adherentes a la Segunda Internacional son, en su mayoría, viejos socialistas. La Tercera Internacional, en cambio, recluta el grueso de sus adeptos entre la juventud. Este dato indica, mejor que ningún otro, la diferencia histórica de ambas agrupaciones.

Las raíces de la decadencia de la Segunda Internacional se confunden con las raíces de la decadencia de la democracia. La Segunda Internacioanl está totalmente saturada de preocupaciones democráticas. Corresponde a una época de apogeo del parlamento y del sufragio universal. El método revolucionario le es absolutamente extraño. Los nuevos tiempos se ven obligados, por tanto, a tratarla irrespetuosa y rudamente. La juventud revolucionaria suele olvidar, hasta las benemerencias de la Segunda Internacional como organizadora del movimiento socialista. Pero a la juventud no se le puede, razonablemente, exigir que sea justiciera. Ortega y Gasset, dice que la juventud "pocas veces tiene razón en lo que niega, pero siempre tiene razón en lo que afirma". A esto se podría agregar que la fuerza impulsora de la historia son las afirmaciones y no las negaciones. La juventud revolucionaria no niega, además, a la Segunda Internacional sus derechos en el presente. Si la Segunda Internacional no se obstinara en sobrevivir, la juventud revolucionaria se complacería en venerar su memoria. Constataría, honradamente, que la Segunda Internacional fue una máquina de organización y que la Tercera Internacional es una máquina de combate.

Este conflicto entre dos mentalidades, entre dos épocas y entre dos métodos del socialismo, tiene en Zinoviev una de sus *dramatis personae*. Más que con la burguesía, Zinoviev polemiza con los socialistas reformistas. Es el crítico más acre y más tundente de la Segunda Internacional. Su crítica define nítidamente la diferencia histórica de las dos internacionales. La guerra, según Zinoviev, ha anticipado, ha precipitado mejor dicho, la era socialista. Existen las premisas económicas de la revolución proletaria. Pero falta el orientamiento espiritual de la clase trabajadora. Ese orientamiento no puede darlo la Segunda Internacional, cuyos líderes continúan creyendo, como hace veinte años, en la posibilidad de una dulce transición del capitalismo al socialismo. Por eso, se ha formado la Tercera Internacional. Zinoviev remarca cómo la Tercera Internacional no actúa sólo sobre los pueblos de Occidente. La revolución —dice— no debe ser europea sino mundial. "La Segunda Internacional estaba limitada a los hombres de color blanco; la Tercera no subdivide a los hombres según su raza". Le interesa el despertar de las masas oprimidas del Asia. "No es todavía —observa— una insurrección de masas proletarias; pero debe serlo. La corriente que nosotros dirigimos libertará todo el mundo".

Zinoviev polemiza también con los comunistas que disienten eventualmente de la teoría y la práctica leninistas. Su diálogo con Trotsky, en el partido comunista ruso, ha tenido, no hace mucho, una resonancia mundial. Trotsky y Preobrajenski, etc., atacaban a la vieja guardia del partido y soliviantaban contra ella a los estudiantes de Moscú. Zinoviev acusó a Trotsky y a Preobrajensky de usar procedimientos demagógicos, a falta de argumentos serios. Y trató con un poco de ironía a aquellos estudiantes impacientes que "a pesar de estudiar *El Capital* de Marx desde hacía seis meses, no gobernaban todavía el país". El debate entre Zinoviev y Trotsky se resolvió favorablemente a la tesis de Zinoviev. Sostenido por la vieja y la nueva guardia leninista, Zinoviev ganó este duelo. Ahora dialoga con sus adversarios de los otros campos. Toda la vida de este gran agitador es una vida polémica.

La escena contemporánea: IV.- La crisis del socialismo

IV.- La crisis del socialismo

La escena contemporánea José Carlos Mariátegui

EL LABOUR PARTY

LA historia del movimiento proletario inglés, es sustancialmente la misma de los otros movimientos proletarios europeos. Poco importa que en Inglaterra el movimiento proletario se haya llamado laborista y en otros países se haya llamado socialista y sindicalista. La diferencia es de adjetivos, de etiquetas, de vocabulario. La praxis proletaria ha sido más o menos uniforme y pareja en toda Europa. Los obreros europeos han seguido antes de la guerra, un camino idénticamente reformista. Los historiadores de la cuestión social coinciden en ver en Marx y Lassalle a los dos hombres representativos de la teoría socialista. Marx, que descubrió la contradicción entre la forma política y la forma económica de la: sociedad capitalista y predijo su ineluctable y fatal, decadencia, dio al movimiento proletario una meta final: la propiedad colectiva de los instrumentos de producción y de cambio. Lassalle señaló, las metas próximas, las aspiraciones provisorias de la clase trabajadora. Marx fue el autor del programa máximo. Lassalle fue el autor del programa mínimo. La organización y la asociación de los trabajadores no eran posibles si no se les asignaba fines inmediatos y contingentes. Su plataforma, por esto, fue más lassalliana que marxista. La Primera Internacional se extinguió apenas cumplida su misión de proclamar la doctrina de Marx. La Segunda Internacional tuvo en cambio, un ánima reformista y minimalista. A ella le tocó encuadrar y enrolar a los trabajadores en los rangos del socialismo llevarlos, bajo la bandera socialista, a la conquista de todos los mejoramientos posibles dentro del régimen burgués: reducción del horario de trabajo, aumento de los salarios, pensiones de invalidez, de vejez, de desocupación y de enfermedad. El mundo vivía entonces una era de desenvolvimiento de la economía capitalista. Se hablaba de la Revolución como de una perspectiva mesiánica y distante. La política de los partidos socialistas y de los sindicatos obreros no era, por esto, revolucionaria sino reformista. El proletariado quería obtener de la burguesía todas las concesiones que ésta se sentía más o menos dispuesta a acordarle. Congruentemente, la acción de los trabajadores era principalmente sindical y económica. Su acción política se confundía con la de los radicales burgueses. Carecía de una fisonomía y un color nítidamente clasistas. El proletariado inglés está colocado prácticamente sobre el mismo terreno que los otros proletariados europeos. Los otros proletariados usaban una literatura más revolucionaria. Tributaban frecuentes homenajes a su programa máximo. Pero, al igual que el proletariado inglés, se limitaban a la actuación solícita del programa mínimo. Entre el proletariado inglés y los otros proletariados europeos no había, pues sino una diferencia formal, externa, literaria. Una diferencia de temperamento, de clima y de estilo.

La guerra abrió una situación revolucionaria. Y desde entonces, una nueva corriente ha pugna- do por prevalecer en el proletariado mundial. Y desde entonces, coherentemente con esa nueva corriente, los laboristas ingleses han sentido la necesidad de afirmar su filiación socialista y su meta revolucionaría. Su acción ha dejado de ser exclusivamente económica y ha pasado a ser prevalentemente política. El proletariado británico ha ampliado sus reivindicaciones. Ya no le ha interesado sólo la adquisición de tal o cual ventaja económica. Le ha preocupado la asunción total del poder y la ejecución de una política netamente proletaria. Los espectadores superficiales y empíricos de la política y de la historia se han sorprendido de la mudanza. ¡Cómo! —han exclamado— ¡estos mesurados, estos cautos, estos discretos laboristas ingleses resultan hoy socialistas! ¡Aspiran también, revolucionariamente, a la abolición de la propiedad privada del suelo, de los ferrocarriles y de las máquinas! Cierto, los laboristas ingleses son también socialistas. Antes no lo parecían; pero lo eran. No lo parecían porque se contentaban con la jornada de ocho horas, el alza de los salarios, la protección de las cooperativas, la creación dedos seguros sociales. Exactamente las mismas cosas con que sé contentaban los demás socialistas de Europa. Y porque no empleaban, como éstos, en sus mítines y en sus periódicos, una prosa incandescente y demagógica:

El lenguaje del Labour Party es hasta hoy evolucionista y reformista. Y su táctica es aún democrática y electoral. Pero esta posición suya no es excepcional, no es exclusiva. Es la misma posición de la mayoría de los partidos socialistas y de los sindicatos obreros de Europa. La élite, la aristocracia del socialismo proviene de la escuela de la Segunda Internacional. Su mentalidad y su espíritu se han habituado a una actividad y un oficio reformistas. Sus órganos mentales y espirituales no consiguen adaptarse a un trabajo revolucionario. Constituye una generación de funcionarios socialistas y sindicales, desprovistos de aptitudes espirituales para la revolución, conformados para la colaboración y la reforma, impregnados de educación democrática, domesticados por la burguesía. Los bolcheviques, por esto, no establecen diferencias entre los laboristas ingleses y los socialistas alemanes. Saben que en la social-democracia tudesca no existe mayor ímpetu insurreccional que en el Labour Party. Y así Moscú ha subvencionado al órgano del Labour Party *The Daily Herald*. Y ha autorizado a los comunistas ingleses a sostener electoralmente a los laboristas.

El Labour Party no es estructural y propiamente un partido. En Inglaterra la actividad política del proletariado no está desconectada ni funciona separada de su actividad económica. Ambos movimientos, el político y el económico, se identifican y se consustancian. Son aspectos solidarios de un mismo organismo. El Labour Party resulta, por esto, una federación de partidos obrero: los laboristas, los independientes, los fabianos, antiguo núcleo de intelectuales, al cual pertenece el célebre dramaturgo Bernard Shaw. Todos estos grupos se fusionan en la masa laborista. Con ellos colabora, en la batalla, el partido comunista, formado por los grupos explícitamente socialistas del proletariado inglés.

Se piensa sistemáticamente que Inglaterra es refractaria a las revoluciones violentas. Y se agrega que la revolución social se cumplirá en Inglaterra sin convulsión y sin estruendo. Algunos teóricos socialistas pronostican que en Inglaterra se llegará al colectivismo a través de la democracia. El propio Marx dijo una vez que en Inglaterra el proletariado podría realizar pacíficamente su programa. Anatole France, en su libro *Sobre la piedra inmaculada*, nos ofrece una curiosa utopía de la sociedad del siglo XXII la humanidad es ya comunista; no queda sino una que otra república burguesa en el África; en Inglaterra la revolución se ha operado sin sangre ni desgarramientos; mas, Inglaterra socialista conserva sin embargo la monarquía.

Inglaterra, realmente, es el país tradicional de la política del compromiso. Es el país tradicional de la reforma y de la evolución. La filosofía evolucionista de Spencer y la teoría de Darwin sobre el origen de las especies son dos productos típicos y genuinos de la inteligencia, del clima y del ambiente británicos.

En esta hora de tramonto de la democracia y del parlamento, Inglaterra es todavía la plaza fuerte del sufragio universal. Las muchedumbres que en otras naciones europeas, se entrenan para el *putsch* y la insurrección, en Inglaterra se aprestan para las elecciones como en los más beatos y normales tiempos prebélicos. La beligerancia de los partidos es aún una beligerancia ideológica, oratoria, electoral. Los tres grandes partidos británicos —conservador, liberal y laborista— usan como instrumentos de lucha la prensa, el mitin, el discurso. Ninguna de esas facciones propugna su propia dictadura. El gobierno no se estremece ni se espeluzna de que centenares de miles de obreros desocupados desfilan por las calles de Londres tremolando sus banderas rojas, cantando sus himnos revolucionarios y ululando contra la burguesía. No hay en Inglaterra hasta ahora ningún Mussolini en cultivo, ningún Primo de Rivera en incubación.

Malgrado esto, la reacción tiene en Inglaterra uno de su escenarios centrales. El propósito de los conservadores de establecer tarifas proteccionistas es un propósito esencial y característica- mente reaccionario. Representa un ataque de la reacción al liberalismo y al librecambismo de la Inglaterra burguesa. Ocurre sólo que la reacción ostenta en Inglaterra una fisonomía británica, una traza británica. Eso es todo. No habla el mismo idioma ni usa el mismo énfasis tundente que en otros países. La reacción, como la revolución, se presenta en tierra inglesa con muy sagaces ademanes y muy buenas palabras. Es que en Inglaterra, ciudadela máxima de la civilización capitalista, la mentalidad evolucionista-democrática de esta civilización está más arraigada que en ninguna otra parte.

Pero esa mentalidad está en crisis en el mundo. Los conservadores y los liberales ingleses no tienden a una dictadura de clase porque el riesgo de que los laboristas asuman íntegramente el poder aparece aún lejano. Mas el día en que los laboristas conquisten la mayoría, los conservadores y los liberales, se coaligarían y se soldarían instantáneamente. La unión sagrada de la época bélica renacería. Dicen los liberales que Inglaterra debe rechazar la reacción conservadora y la revolución socialista y permanecer fiel al liberalismo, a la evolución, a la democracia. Pero este lenguaje es eventual y contingente. Mañana que la amenaza laborista crezca, todas las fuerzas de la burguesía se fundirán en un solo haz, en un solo bloque, y acaso también en un solo hombre.

EL SOCIALISMO EN FRANCIA

El socialismo se dividía en Francia, hasta fines del siglo pasado, en varias escuelas y diversas agrupaciones. El Partido Obrero, dirigido por Guesde y Lafargue, representaba oficialmente el marxismo y la táctica clasista. El Partido Socialista Revolucionario, emanado del *blanquismo*, encarnaba la tradición revolucionaria francesa de la Comuna. Vaillant era su más alta figura. Los *independientes* reclutaban sus prosélitos, más que en la clase obrera, en las categorías intelectuales. En su estado mayor se daban cita no pocos diletantes del socialismo. Al lado de la figura de un Jaurés se incubaba, en este grupo, la figura de un Viviani.

En 1898, el partido obrero provocó un movimiento de aproximación de los varios grupos socialistas. Se bosquejaron las bases de una *entente*. El proceso de clarificación de la teoría y la praxis socialistas, cumplido ya en otros países, necesitaba liquidar también en Francia las artificiales diferencias que anarquizaban aún, en capillas y sectas concurrentes, las fuerzas del socialismo. En el sector socialista francés había nueve matices; pero, en realidad no había sino dos tendencias: la tendencia clasista y la tendencia colaboracionista. Y, en último análisis, estas dos tendencias no necesitaban sino entenderse sobre los límites de su clasismo y de su colaboracionismo para arribar fácilmente a un acuerdo, A la tendencia clasista o revolucionaria le tocaba reconocer que, por el momento, la revolución debía ser considerada como una meta distante y la lucha de clases reducida a sus más moderadas manifestaciones. A la tendencia colaboracionista le tocaba conceder, en cambio, que la colaboración no significase, también por el momento, la entrada de los socialistas en un ministerio burgués. Bastaba eliminar esta cuestión para que la vía de la polarización socialista quedase franqueada.

Sobrevino entonces un incidente que acentuó y exacerbó momentáneamente esta única discrepancia sustancial. Millerand, afiliado a uno de los grupos socialistas, aceptó una cartera en el ministerio radical de Waldeck Rousseau. La tendencia revolucionaria reclamó la ex-confesión de Millerand y la descalificación definitiva de toda futura participación socialista en un ministerio. La tendencia colaboracionista, sin solidarizarse abiertamente con Millerand, se reafirmó en su tesis, favorable, en determinadas circunstancias, a esta participación. Briand que debía seguir, poco después, la ruta de Millerand, maniobraba activamente por evitar que un voto de la mayoría cerrase la puerta de la doctrina socialista a nuevas escapadas ministeriales. Pero, entre tanto, algo se había avanzado en el camino de la concentración socialista. Los grupos, las escuelas, no eran ya nueve sino únicamente dos.

A la unificación se llegó, finalmente, en 1904. La cuestión de la colaboración ministerial fue examinada y juzgada en agosto de ese año, en suprema instancia, por el congreso socialista internacional de Amsterdam. Este congreso repudió la tesis colaboracionista. Jaurés —que hasta ese instante la sustentó honrada y sinceramente— con un gran sentido de su responsabilidad y de su deber se inclinó, disciplinado, ante el voto de la Internacional. Y, como consecuencia de la decisión de Amsterdam, los principios de un entendimiento entre la corriente dirigida por Jaurés y la corriente dirigida por Guesde y Vaillant quedaron, en las subsecuentes negociaciones, fácilmente establecidos. La fusión fue pactada y sellada, definitivamente, en el congreso de París de abril de 1905. En el curso del año siguiente, el Partido Socialista se desembarazó de Bríand, atraído desde hacía algún tiempo al campo de gravitación de la política burguesa y los sillones ministeriales.

Pero la política del partido unificado no siguió, por esto, un rumbo revolucionario. La unificación fue el resultado de un compromiso entre las dos corrientes del socialismo francés. La corriente colaboracionista renunció a una eventual intervención directa en el gobierno de la Tercera República; pero no se dejó absorber por la corriente clasista. Por el contrario, consiguió suavizar su antigua intransigencia. En Francia, como en las otras democracias occidentales, el espíritu revolucionario del socialismo se enervaba y desfibraba en el trabajo parlamentario. Los votos del socialismo, cada vez más numerosos, pesaban en las decisiones del Parlamento. El partido socialista jugaba un papel en los conflictos y en las batallas de la política burguesa. Practicaba, en el terreno parlamentario, una política de colaboración con los partidos más avanzados de la burguesía. La fuerte figura y el verbo elocuente de Jaurés imprimían a esta política un austero sello de idealismo. Mas no podían darle un sentido revolucionario que, por otra parte, no tenía tampoco la política de los demás partidos socialistas de la Europa occidental. El espíritu revolucionario había trasmigrado, en Francia, al sindicalismo. El más grande ideólogo de la revolución no era ninguno de los tribunos ni de los escritores del Partido Socialista. Era Jorge Sorel, creador y líder del sindicalismo revolucionario, crítico, penetrante de la degeneración parlamentaria del socialismo.

Durante el período de 1905 a 1914, el partido socialista francés actuó, sobre todo, en el terreno electoral y parlamentario. En este trabajo, acrecentó y organizó sus efectivos; atrajo a sus rangos a una parte de la pequeña burguesía; educó en sus principios, asaz atenuados, a una numerosa masa de intelectuales y diletantes. En las elecciones de 1914, el partido obtuvo un millón cien mil votos, y ganó ciento tres asientos en la Cámara. La guerra rompió este proceso de crecimiento. El pacifismo humanitario y estático de la social-democracia europea se encontró de improviso frente a la realidad dinámica y cruel del fenómeno bélico. El Partido Socialista francés sufrió, además, cuando la movilización marcial comenzaba, la pérdida de Jaurés, su gran líder. Desconcertado por esta pérdida, la historia de esos tiempos tempestuosos lo arrolló y lo arrastró por su cauce. Los socialistas franceses no pudieron resistir la, guerra. No pudieron tampoco, durante la guerra, preparar la paz. Acabaron colaborando en el gobierno. Guesde y Sembat formaron parte del ministerio. Los jefes del socialismo y del sindicalismo sostuvieron mansamente la política de la *unión sagrada*. Algunos sindicalistas, algunos revolucionarios, opusieron, solos, aislados, una protesta inerme a la masacre.

El Partido Socialista y la Confederación General del Trabajo se dejaron conducir por los acontecimientos. Los esfuerzos de algunos socialistas europeos por reconstruir la Internacional no lograron su cooperación ni su consenso.

El armisticio sorprendió, por tanto, debilitado, al Partido Socialista. Durante la guerra, los socia- listas no habían tenido una orientación propia. Fatalmente, les había correspondido, por tanto, seguir y servir la orientación de la burguesía. Pero en el botín político de la victoria no les tocaba parte alguna. En las elecciones de 1919, a pesar de que la marejada revolucionaria nacida de la guerra empujaba a su lado a las masas descontentas y desilusionadas, los socialistas perdieron varios asientos en la Cámara y muchos sufragios en el país.

Vino, luego, el cisma. La burocracia del Partido Socialista y de la Confederación General del Trabajo carecía de impulso revolucionario. No podía, por ende, enrolarse en la nueva Internacional, Un estado mayor de tribunos, escritores, funcionarios y abogados que no habían salido todavía del estupor de la guerra, no podía ser el estado mayor de una revolución. Tendía, forzosamente, a la vuelta a la beata y cómoda existencia de demagogia inocua y retórica, interrumpida por la despiadada tempestad bélica. Toda esta gente se sentía normalizadora; no se sentía revolucionaria. Pero la nueva generación socialista se movía, por el contrario, hacia la revolución. Y las masas simpatizaban con esta tendencia. En el Congreso de Tours de 1920 la mayoría del partido se pronunció por el comunismo. La minoría conservó el nombre de Partido Socialista. Quiso continuar siendo, como antes, la S.F.I.O. (Sección Francesa de la Internacional Obrera). La mayoría constituyó el partido comunista. El diario de Jaurés, *L'Humanité*, pasó a ser el órgano del comunismo. Los más ilustres parlamentarios, los más ancianos personajes, permanecieron, en cambio, en las filas de la S.F.I.O. con León Blum, con Paul Boncour, con Jean Longuet.

El comunismo prevaleció en las masas; el socialismo en el grupo parlamentario.

El rumbo general de los acontecimientos europeos favoreció, más tarde, un resurgimiento del antiguo socialismo. La creciente revolucionaria declinaba. Al período de ofensiva proletaria seguía un período de contraofensiva burguesa. La esperanza de una revolución mundial inmediata se desvanecía. La fe y la adhesión de las masas volvían, por consiguiente, a los viejos jefes. Bajo el gobierno del Bloque Nacional, el socialismo reclutó en Francia muchos nuevos adeptos. Hacia un socialismo moderado y parlamentario afluían las gentes que, en otros tiempos hubiesen afluido al radicalismo. La S.F.I.O., coaligada con los radicales socialistas en el Bloque de Izquierdas, recuperó en mayo de 1924 todas las diputaciones que perdió en 1919 y ganó, además, algunas nuevas. El Bloque de Izquierdas asumió el poder. Los socialistas no consideraron oportuno formar parte del Ministerio. No era todavía, el caso de romper con la tradición anticolaboracionista formalmente anticolaboracionista de los tiempos prebélicos. Por el momento bastaba con sostener a Herriot, a condición de que Herriot cumpliese con las promesas hechas, en las jornadas de mayo; al electorado socialista.

En su congreso de Grenoble, en febrero último, los socialistas de la S.F.I.O. han debatido el tema de sus relaciones con el radicalismo. En esa reunión, Longuet, Ziromsky y Braque han acusado a Herriot de faltar a su programa y han reprobado al grupo parlamentario socialista su lenidad y su abdicación ante él ministerio. Por boca de esos tres oradores, tina gruesa parte del proselitismo socialista ha declarado su voluntad de permanecer fiel a la táctica clasista. Pero, al mismo tiempo, ha reaparecido acentuadamente en el socialismo francés la tendencia a la colaboración ministerial, expulsada en otro tiempo con Millerand y Briand. León Blum, que como *attaché* de Marcel Sembat ha conocido ya la tibia y plácida temperatura de los gabinetes ministeriales, ha pedido a los representantes del colaboracionismo un poco de paciencia. Les ha recordado que sostener un ministerio no tiene loa riesgos ni las responsabilidades de formar parte de él. Los socialistas, según Blum, no deben ir al gobierno como colaboradores de los radicales. Deben aguardar, que madure la ocasión en que acapararán solos el poder. Al calor de un gobierno del bloque de izquierdas, los socialistas adquirirán la fuerza necesaria para recibir el poder de manos de sus aliados de hoy. Movido por esta esperanza, el Partido Socialista se ha declarado en Grenoble a favor del bloque de izquierdas, contra la reacción y contra el bolchevismo. Lo que equivale a decir que, se ha declarado francamente democrático.

JAURES Y LA TERCERA REPUBLICA

La figura de Jaurés es la más alta, la más noble, la más digna figura de la *Troisiéme Republique*. Jaurés procedía de una familia burguesa. Debutó en la política y en el parlamento en los rangos del radicalismo. Pero la atmósfera ideológica y moral de los partidos burgueses no tardé en disgustarle. El socialismo ejercía sobre su espíritu robusto y combativo una atracción irresistible. Jaurés se enroló en las filas del proletariado. Su actitud, en los primeros tiempos, fue colaboracionista. Creía Jaurés que los socialistas no debían excluir de su programa la colaboración con un ministerio de la izquierda burguesa. Mas desde que la Segunda Internacional, en su congreso de Amsterdam, rechazó esta tesis sostenida por varios líderes socialistas, Jaurés acató disciplinadamente este voto. León Trotsky, en un sagaz ensayo sobre la personalidad del gran tribuno, escribe lo siguiente: "Jaurés había entrado en el partido hombre maduro ya, con una filosofía idealista completamente formada. Esto no le impidió curvar su potente cuello (Jaurés era de una complexión atlética) bajo el yugo de la disciplina orgánica y varias veces tuvo la obligación y la ocasión de demostrar que no solamente "sabía mandar sino también someterse".

Jaurés dirigió las más brillantes batallas parlamentarias del socialismo francés. Contra su parlamentarismo, contra su democratismo, insurgieron los teóricos y los agitadores de la extrema izquierda proletaria. George Sorel y los sindica listas denunciaron esta *praxis* como una deformación del espíritu revolucionario del marxismo. Mas el movimiento obrero, en los tiempos prebélicos, como se ha dicho muchas veces, no se inspiró en Marx sino en Lassalle. No fue revolucionario sino reformista. El socialismo se desarrolló insertado dentro de la democracia. No pudo, por ende, sustraerse a la influencia de la mentalidad democrática. Los líderes socialistas tenían que proponer a las masas un programa de acción inmediata y concreta, como único medio de encuadrarlas y educarlas dentro del socialismo. Muchos de estos líderes perdieron en este trabajo toda energía revolucionaria. La praxis sofocó en ellos la teoría. Pero a Jaurés no es posible confundirlo con estos revolucionarios domesticados. Una personalidad tan fuerte como la suya no podía dejarse corromper ni enervar por el ambiente democrático. Jaurés fue reformista como el socialismo de su tiempo, pero dio siempre a su obra reformista una meta revolucionaria.

Al servicio de la revolución social puso su inteligencia profunda, su rica cultura y su indomable voluntad. Su vida fue una vida dada íntegramente a la causa de los humildes. El libro, el periódico, el parlamento, el mitin; todas las tribunas del pensamiento fueron usadas por Jaurés en su larga carrera de agitador. Jaurés fundó dirigió el diario *L Humanité*, perteneciente en la actualidad al Partido Comunista. Escribió muchos volúmenes de crítica social e histórica. Realizó, con la colaboración de algunos estudiosos del socialismo y de sus raíces históricas, una obra potente: la *Historia Socialista de la Revolución Francesa*.

En los ocho volúmenes de esta historia, Jaurés y sus colaboradores enfocan los episodios y el panorama de la Revolución Francesa desde puntos de vista socialistas. Estudian la Revolución como fenómeno social y como fenómeno económico, sin ignorarla ni disminuirla como fenómeno espiritual. Jaurés, en esta obra, cómo en toda su vida, conserva su gesto y su posición idealistas. Nadie más reacio, nadie más adverso que Jaurés a un materialismo frío y dogmático. La crítica de Jaurés proyecta sobre la Revolución del 89 una luz nueva. La Revolución Francesa adquiere en su obra un contorno nítido. Fue una revolución de la burguesía, porque no pudo ser una revolución del proletariado. El proletariado no existía entonces como clase organizada y conciente. Los proletarios se confundían con los burgueses en el estado llano, en, el pueblo. Carecían de un ideario y una dirección clasista. Sin embargo, durante los días polémicos de la revolución, se habló de pobres y ricos. Los jacobinos, los babouvistas reivindicaron los derechos de la plebe. Desde muchos puntos de vista la revolución fue un movimiento de *sans culottes*. La Revolución se apoyó en los campesinos que constituían una categoría social bien definida. El proletariado urbano estaba representado por el artesano en el cual prevalecía un espíritu pequeño-burgués. No había aún grandes fábricas, grandes usinas. Faltaba, en suma, el instrumento de una revolución socialista. El socialismo, además, no había encontrado todavía su método. Era una nebulosa de confusas y abstractas utopías. Su germinación, su maduración, no podía producirse sino dentro de una época de desarrolló capitalista. Así como en la entraña del orden feudal se gestó el orden burgués, en la entraña del orden burgués debía gestarse el orden proletario. Finalmente, de la revolución francesa emanó la primera doctrina comunista: el babouvismo.

El tribuno del socialismo francés, que demarcó así la participación material y espiritual del proletariado en la revolución francesa, era un idealista, pero no un utopista. Los motivos de su idealismo estaban en su educación, en su temperamento, en su psicología. No se avenía con su mentalidad un socialismo esquemática y secamente materialista. De allí, en parte, sus contrastes con los marxistas. De allí su adhesión honrada y sincera a la idea de la democracia. Trotsky hace una definición muy exacta de Jaurés en las siguientes líneas: "Jaurés entró en la arena política en la época más sombría de la Tercera República, que no contaba entonces sino una quincena de años de existencia y que, desprovista de tradiciones sólidas, tenía que luchar contra enemigos poderosos. Luchar por la República, por su conservación, por su *depuración*. He aquí la idea fundamental de Jaurés, la que inspira toda su acción. Buscaba Jaurés para la República una base social más amplia; quería llevar la República al pueblo para hacer del Estado republicano el instrumento de la economía socialista. El socialismo era para Jaurés el solo medio seguro de consolidar la República y el solo medio posible de completarla y terminarla. En su aspiración infatigable de la síntesis idealista, Jaurés era, en su primera época, un demócrata pronto a adoptar el socialismo; en su última época, un socialista que se sentía responsable de toda la democracia".

El asesinato de Jaurés cerró un capítulo de la historia del socialismo francés. El socialismo democrático y parlamentario perdió entonces a su gran líder. La guerra y la crisis post-bélica vinieron más tarde a invalidar y a desacreditar el método parlamentario. Toda una época, toda una fase del socialismo, concluyó con Jaurés.

La guerra encontró a Jaurés en su puesto de combate. Hasta su último instante, Jaurés trabajó, con todas sus fuerzas, por la causa de la paz. Su verbo ululó contra el gran crimen en París y en Bruselas. Unicamente la muerte pudo ahogar su elocuente voz acusadora.

Le tocó a Jaurés ser la primera víctima de la tragedia. La mano de un oscuro nacionalista, armada moralmente por *L'Action Française* y por toda la prensa reaccionaria, abatió al hombre más grande de la Tercera República. Más tarde, la Tercera República debía renegarlo absolviendo al asesino.

EL PARTIDO COMUNISTA FRANCÉS

El Partido Comunista Francés nació de la misma matriz que los otros partidos comunistas de Europa. Se formó, durante los últimos años de la guerra, en el seno del socialismo y del sindicalismo. Los descontentos de la política del Partido Socialista y de la Confederación General del Trabajo —los que en plena guerra osaron condenar la adhesión del socialismo a la "unión sagrada" y a la guerra— fueron su primera célula. Hubo pocos militantes conocidos entre estos precursores. En esta minoría minúscula, pero dinámica y combativa, que concurrió a las conferencias de Zimmerwald y Kienthal, es donde se bosquejó, embrionaria e informe todavía, una nueva Internacional revolucionaria. La revolución rusa estimuló el movimiento. En torno de Loriot, de Monatte y de otros militantes se concentraron numerosos elementos del Partido Socialista y de la Confederación General del Trabajo. Fundada la Terceras Internacional, con Guilbeaux y Sadoul como representantes de los revolucionarios franceses, la fracción de Monatte y de Loriot planteó categóricamente, en el Partido Socialista Francés, la cuestión de la adhesión a Moscú. En 1920, en el congreso de Strasbourg, la tendencia comunista obtuvo muchos votos. Sobre todo, atrajo a una parte de sus puntos de vista a una tendencia centrista que encabezada por Cachin y Frossard, constituía el grueso del Partido Socialista. El debate quedó abierto. Cachin y Frossard hicieron una peregrinación a Moscú donde el espectáculo de la revolución los conquistó totalmente. Está conversión fue decisiva. En el Congreso de Tours y reunido meses después que el anterior, la mayoría del Partido Socialista se pronunció por la adhesión a la Tercera Internacional. El cisma se produjo en condiciones favorables al comunismo. Los socialistas conservaron el nombré del antiguo partido y la mayor parte de sus parlamentarios. Los comunistas heredaron la tradición revolucionaria y la propiedad de *L'Humanité*.

Pero la escisión de Tours no pudo separar, definitiva y netamente, en dos grupos absolutamente homogéneos, a reformistas y revolucionarios, o sea a, socialistas y comunistas. Al nuevo Partido Comunista había trasmigrado una buena parte de la mentalidad y del espíritu del viejo Partido Socialista. Muchos militantes, habían dado al comunismo una adhesión sólo sentimental e intelectual que su saturación democrática no les consentía mantener. Educados en la escuela del socialismo prebélico, no se adoptaban al método bolchevique. Espíritus, demasiado críticos, demasiado racionalistas, demasiado *enfants du siecle*, no compartían la exaltación religiosa, mística, del bolchevismo. Su trabajo, su juicio, un poco escépticos en el fondo, no correspondían al estado de ánimo de la Tercera Internacional. Este contraste engendró una crisis. Los elementos de origen y de psicología reformistas tenían que ser absorbidos o eliminados. Su presencia paralizaba la acción del joven partido.

La fractura del Partido Socialista fue seguida de la fractura de la Confederación General del Trabajo. El sindicalismo revolucionario, nutrido del pensamiento de Jorge Sorel, había representado, antes de la guerra, un renacimiento del espíritu revolucionario y clasista del proletariado, enervado por la práctica reformista y parlamentaria. Este espíritu había dominado, al menos formalmente, hasta la guerra, en la C.G.T. Pero en la guerra, la C.G.T. se había comportado como el Partido Socialista. Con la crisis del socialismo sobrevino por consiguiente, terminada la guerra, una crisis del sindicalismo. Una parte de la C.G.T. siguió el socialismo; la otra parte siguió, al comunismo. El espíritu revolucionario y clasista estaba representado en ésta nueva fase de la lucha proletaria, por las legiones de la Tercera Internacional. Varios teóricos del sindicalismo revolucionario lo reconocían así. Jorge Sorel, crítico acerbo de la degeneración reformista del socialismo, aprobaba el método clasista de los bolcheviques, mientras que algunos socialistas, negando a Lenin el derecho de considerarse ortodoxamente marxista, sostenían que su personalidad acusaba, más bien, la influencia soreliana. La C.G.T. se escindía porque los sindicatos necesitaban optar entre la vía de la revolución y la vía de la reforma. El sindicalismo revolucionario cedía su puesto, en la guerra social, al comunismo. La lucha, desplazada del terreno económico a un terreno político, no podía ser gobernada por los sindicatos, de composición inevitablemente heteróclita, sino por un partido homogéneo. En el hecho, aunque no en la teoría, los sindicalistas de las dos tendencias se sometían a esta necesidad. La antigua Confederación del Trabajo obedecía la política del Partido Socialista; la nueva Confederación (C. G. T. U.) obedecía la política del Partido Comunista. Pero también en el campo sindical debía cumplirse una clasificación, una polarización, más o menos lenta y laboriosa, de las dos tendencias. La ruptura no había resuelto la cuestión: la había planteado solamente.

El proceso de *bolcheviquización* del sector comunista francés impuso, por estos motivos, una serie de eliminaciones que, naturalmente, no pudieron realizarse sin penosos desgarramientos. La Tercera Internacional, resuelta a obtener dicho resultado, empleo los medios más radicales. Decidió, por ejemplo, la ruptura de todo vínculo con la masonería. El antiguo Partido Socialista que en la batalla laica, en los tiempos prebélicos, había sostenido al radicalismo se había enlazado y comprometido excesivamente con la burguesía radical, en el seno de las logias. La franc-masonería era el nexo, más o menos visible, entre el radicalismo y el socialismo. Escindido el Partido Socialista, una parte de la influencia franc-masónica se traslado al Partido Comunista. El nexo, en suma, subsistía. Muchos militantes comunistas que en la plaza pública combatían todas las formas de reformismo, en las logias fraternizaban con toda suerte de radicaloides. Un secreto cordón umbilical ligaba todavía la política de la revolución a la política de la reforma. La Tercera Internacional quería cortar este cordón umbilical. Contra su resolución, se rebelaron los elementos reformistas que alojaba el partido. Frossard, uno de los peregrinos convertidos en 1920, secretario general del comité ejecutivo, sintió que la Tercera Internacional le pedía, una cosa superior a sus fuerzas: Y escribió, en su carta de dimisión de su cargo, su célebre *je ne peux pas*. El partido se escisionó. Frossard, Lafont, Meric, Paul Louis y otros elementos dirigentes constituyeron un grupo autónomo qué, después de una accidentada y lánguida vida, ha terminado por ser casi íntegramente reabsorbido por el Partido Socialista. Estas amputaciones no han debilitado al partido en sus raíces. Las elecciones de mano fueron una prueba de que, por el contrario, las bases populares del comunismo se habían ensanchado. La lista: comunista alcanzó novecientos mil votos. Estos novecientos mil votos no enviaron, a la Cámara sino veintiséis militantes del comunismo, porque tuvieron que enfrentarse solos a los votos combinados de dos alianzas electorales; el Bloque Nacional y el Cartel de Izquierdas. El partido ha perdido, en sus sucesivas depuraciones, algunas figuras; pero ha ganado en homogeneidad. Su bolcheviquización parece conseguida.

Pero nada de esto anuncia aún en Francia uña inmediata e inminente: revolución comunista. El argumentó del "peligro comunista", es, en parte, un argumento de uso externo. Una revolución no puede ser predicha a plazo fijo. Sobre todo, una revolución no es un golpe de mano. Es una obra multitudinaria. Es una obra de la historia. Los comunistas lo saben bien. Su teoría y su praxis se han formado en la escuela y en la experiencia del materialismo histórico. No es probable por ende, que se alimenten de ilusiones.

El partido, comunista francés no prepara ningún apresurado y novelesco; asalto del poder. Trabaja por atraer a su programa a las masas de obreros y campesinos. Derrama los gérmenes de su propaganda de la pequeña burguesía. Emplea, en esta labor, legiones de misioneros. Los doscientos mil ejemplares diarios de *L'Humanité* difunden en toda Francia sus palabras de orden. Marcel Cachin, Jacques Doriot, Jean Renaud, André Berthon, Paul Vaillant Couturier y André Marty, el marino rebelde del Mar Negro, son sus líderes parlamentarios.

Una rectificación. O, para decirlo en francés una *mise au point*. En el vocabulario comunista, el término parlamentario no tiene su acepción clásica. Los parlamentarios comunistas no parlamentan. El parlamento es para ellos únicamente una tribuna dé agitación y de crítica.

LA POLITICA SOCIALISTA EN ITALIA

La historia del socialismo italiano se conecta, teórica y prácticamente, con toda la historia del socialismo europeo. Se divide en dos periodos bien demarcados: el período pre-bélico y el período post-bélico. Enfoquemos, en este estudio, el segundo período, que comenzó, definida y netamente, en 1919, cuando las consecuencias económicas y psicológicas de la guerra y la influencia de la revolución rusa crearon en Italia una situación revolucionaria.

Las fuerzas socialistas llegaron a esos instantes unidos y compactos todavía. El partido socialista italiano, malgrado la crisis y las polémicas intestinas de veinte años, conservaba su unidad. Las disidencias, las secesiones de su proceso de formación —que habían eliminado sucesivamente de su seno el bakuninismo de Galleani, el sindicalismo soreliano de Enrique Leone y el reformismo colaboracionista de Bissolati y Bonomi— no habían engendrado, en las masas obreras, un movimiento concurrente. Los pequeños grupos que, fuera del socialismo oficial, trabajan por atraer a las masas a su doctrina, no significaban para el partido socialista verdaderos grupos competidores. Los reformistas de Bissolati y de Bonomi no constituían, en realidad, un sector socialista. Se habían dejado absorber por la democracia burguesa. El Partido Socialista dominaba en la Confederación General del Trabajo, que reunía en su sindicatos a dos millones de trabajadores. El desarrollo del movimiento obrero se encontraba en su plenitud.

Pero la unidad era, sólo formal. Maduraba en el socialismo italiano, como en todo el socialismo europeo, una nueva conciencia, un nuevo espíritu. Esta nueva conciencia, este nuevo espíritu, pugnaban por dar al socialismo un rumbo revolucionario. La vieja guardia socialista, habituada a una táctica oportunista y democrática, defendía, en tanto, obstinadamente su política, tradicional. Los antiguos líderes, Turati, Treves, Modigliani, D'Aragona, no creían arribada la hora de la revolución. Se aferraban a su viejo, método. El método del socialismo italiano había sido, hasta entonces, teóricamente revolucionario; pero prácticamente reformista. Los socialistas no habían colaborado en ningún ministerio; pero desde la oposición parlamentaria habían influido en la política ministerial. Los jefes parlamentarios y sindicales del, socialismo representaban esta *praxis*. No podían, por ende, adaptarse a una táctica revolucionaria.

Dos mentalidades, dos ánimas diversas, que convivían dentro del socialismo, tendían cada vez más a diferenciarse y separarse. En el congreso socialista de Bolonia (octubre de 1919), la polémica entre ambas tendencias fue ardorosa y acérrima. Mas la ruptura pudo, aún, ser evitada. La tendencia revolucionaria triunfó en el congreso Y la tendencia reformista se inclinó, disciplinadamente, ante el voto de la mayoría. Las elecciones de noviembre de 1919 robustecieron luego la autoridad y la influencia de la fracción victoriosa en Bolonia. El Partido Socialista obtuvo, en esas elecciones, tres millones de sufragios. Ciento cincuentiséis socialistas ingresaren en la Cámara. La ofensiva revolucionaria, estimulada por este éxito, arreció en Italia tumultuosamente. Desde casi todas las tribunas del socialismo se predicaba la revolución. La monarquía liberal, el estado burgués, parecían próximas al naufragio. Esta situación favorecía en las masas el prevalecimiento de un humor insurreccional que anulaba casi completamente la influencia de la fracción reformista. Pero el espíritu reformista, latente en la burocracia del partido y de los sindicatos, aguardaba la ocasión de reaccionar. La ocasión llegó en agosto de 1920, con la ocupación de las fábricas por los obreros metalúrgicos. Este movimiento aspiraba a convertirse en la primera jornada de la insurrección. Giolitti, jefe entonces del gobierno italiano, advirtió claramente el peligro. Y se apresuró a satisfacer la reivindicación de los metalúrgicos, aceptando, en principio, el control obrero de las fábricas. La Confederación General del Trabajo y el Partido Socialista, en un dramático diálogo, discutieron si era o no era la oportunidad, de librarla batalla decisiva. La supervivencia del espíritu reformista en la mayoría de los, funcionarios Y conductores del proletariado italiano aún en muchos de los que, intoxicados por la literatura del *Avanti*, se suponían y se proclamaban revolucionarios incandescentes quedó evidenciada en ese debate. La revolución fue saboteada por los líderes. La mayoría se pronunció por la transacción. Esta retirada quebrantó, como era natural, la voluntad de combate de las masas. Y precipitó el cisma socialista. El Congreso de Livorno (enero de 1921) fue un vano intento por salvar la unidad. El empeño romántico de mantener, mediante una fórmula equívoca, la unidad socialista, tuvo un pésimo resultado: El partido apareció, en el Congreso de Livorno, dividido en tres fracciones: la fracción comunista, dirigida por Bórdiga, Terracini, Gennari, Graziadei, qué reclamaba la ruptura con los reformistas y la adopción del programa de la Tercera Internacional; la fracción centrista encabezada por Serrati, director del *Avanti* que, afirmando su adhesión a la Tercera Internacional, quería, sin embargo, la unidad a ultranza; y la fracción reformista que seguía a Turati, Treves, Prampolini y otros viejos líderes del socialismo italiano. La votación favoreció la tesis centrista de Serrati; quien, por no romper con los más lejanos, rompió con los más próximos. La fracción comunista constituyó un nuevo partido. Y una segunda escisión empezó a incubarse.

Ausentes los comunistas, ausentes la juventud y la vanguardia, el partido socialista quedó bajo la influencia ideológica de la vieja guardia. El núcleo centrista de Serrati carecía de figuras intelectuales. Los reformistas, en cambio, contaban con un conjunto brillante de parlamentarios y escritores. A su lado estaban, además, los más poderosos funcionarios de la Confederación General del Trabajo. Serrati, y sus fautores acaparaban, formalmente, la dirección del Partido Socialista; pero los reformistas se, aprestaban a reconquistarla sagaz y gradualmente. Las elecciones de 1921 sorprendieron así escindido y desgarrado el movimiento socialista. A la ofensiva revolucionaria, detenida y agotada en la ocupación de las fábricas, seguía una truculenta contraofensiva reaccionaria. El fascismo, armado por la plutocracia, tolerado por el gobierno y cortejado por la prensa burguesa, aprovechaba la retirada y el cisma socialistas para arremeter contra los sindicatos, cooperativas y municipios proletarios. Los socialistas y los comunistas concurrieron a las elecciones separadamente. La burguesía les opuso un cerrado frente único. Sin embargo, las elecciones fueron una vigorosa afirmación de la vitalidad del movimiento socialista. Los socialistas conquistaron ciento veintidós asientos en la Cámara; los comunistas obtuvieron catorce. Juntos, habrían conservado seguramente su posición electoral de 1919. Pero la reacción estaba en marcha. No les bastaba a los socialistas disponer de una numerosa representación parlamentaria. Les urgía decidirse por el método revolucionario o por el método reformista. Los comunistas habían optado por el primero; los socialistas no habían optado por ninguno. El

Partido Socialista, dueño de más de ciento veinte votos en la Cámara, no podía contentarse con una actitud perennemente negativa. Había que intentar una u otra cosa: la Revolución o la Reforma. Los reformistas propusieron abiertamente este último camino. Propugnaron una inteligencia con los populares y los liberales de izquierda contra el fascismo. Solo este bloque podía cerrar el paso a los fascistas. Mas el núcleo, de Serrati se negaba a abandonar su intransigencia formal. Y las masas ¿Ve lo sostenían, acostumbradas durante tanto tiempo a una cotidiana declamación maximalista, no se mostraban por su parte, asequibles a ideas colaboracionistas. El reformismo no había tenido aún tiempo de captarse a la mayoría del partido. Las tentativas de colaboración en un bloque de izquierdas resultaban prematuras. Encallaban en la intransigencia dé unos, en el hamletismo de otros. Dentro del Partido Socialista reaparecía, el conflicto entre dos tendencias incompatibles, aunque esta vez los términos del contraste no eran los mismos. Los reformistas tenían un programa; los centristas no tenían ninguno: El partido consumía su, tiempo en una polémica bizantina. Vino, finalmente, el golpe de estado fascista. Y, tras de ésta derrota, otra fractura. Los centristas rompieron con los reformistas. Constituyeron los primeros el Partido Socialista Maximalista y los segundos el Partido Socialista Unitario.

La batalla antifascista no ha unido las fuerzas socialistas italianas. En las últimas elecciones, los tres partidos combatieron independientemente. A pesar de todo mandaron a la Cámara, en conjunto, más de sesenta diputados. Cifra conspicua en un escrutinio del cual salían completamente diezmados los grupos liberales y democráticos.

Presentemente, los unitarios y los maximalistas forman parte, de la oposición del Aventino. Los unitarios se declaran prontos a la colaboración ministerial, Su máximo líder Filippo Turati, preside las asambleas de los aventinistas. La batalla antifascista ha atraído a las filas socialistas unitarias a muchos elementos pequeño-burgueses de ideología democrática, disgustados de la política de los grupos liberales. El contenido social del reformismo ha acentuado así su color pequeño-burgués. Los socialistas unitarios conservan, por otra parte, su predominio en la Confederación General del Trabajo que, aunque quebrantada por varios años de terror, fascista, es todavía un potente núcleo de, sindicatos. Finalmente, el sacrificio de Matteotti, una de sus más nobles figuras, ha dado al Partido Socialista Unitario un elemento sentimental de popularidad.

Los maximalistas han sufrido algunas defecciones. Serrati y Maffi militan ahora en el comunismo. Lazzari, que representa la tradición proletaria clasista del socialismo italiano, trabaja por la adhesión de los maximalistas a la política de la Tercera Internacional: Los maximalistas se sirven, en su propaganda, del prestigio del antiguo P.S.I. (Partido Socialista Italiano) cuyo nombre guardan como una reliquia. Han heredado el diario *Avanti*, tradicional órgano socialista. No hablan a las masas el mismo lenguaje demagógico de otros tiempos. Pero continúan sin un programa definido. De hecho, han adoptado provisoriamente el del bloque de izquierdas del Aventino. Programa más bien negativo que afirmativo, puesto que no se propone, realmente, construir un gobierno nuevo, sino casi sólo abatir al gobierno fascista. A los maximalistas les falta además, como ya he observado, elementos intelectuales.

Los comunistas, que reclutan a la mayoría de sus adherentes en la juventud proletaria, siguen la política de la Tercera Internacional. No figuran, por eso, en el bloque del Aventino, al cual han tratado de empujar a una actitud revolucionaria, invitándolo a funcionar y deliberar como parlamento del pueblo en oposición al parlamento fascista. Se destacan en el estado mayor comunista el ingeniero Bórdiga, el abogado Terracini, el profesor Graziadei, el escritor Gramsci. El comunismo obtuvo en las elecciones del año pasado más de trescientos mil sufragios. Posee en Milán un diario: *Unitá*. Propugna la formación de un frente único de obreros y campesinos.

La división debilita, marcadamente, el movimiento socialista en Italia. Pero este movimiento que ha resistido victoriosamente más de tres años de violencia fascista, tiene intactas sus raíces vitales. Más de un millón de italianos (unitarios, maximalistas, comunistas), han votado por el socialismo, hace un año, a pesar de las brigadas de *camisas negras*. Y los augures, de la política italiana coinciden, casi unánimemente, en la previsión de que será la idea socialista, y no la idea demo-liberal, la que dispute el porvenir al *fascio littorio*.

EBERT Y LA SOCIAL-DEMOCRACIA ALEMANA

Ebert representa toda una época de la socialdemocracia alemana. La época de desarrollo y de envejecimiento de la Segunda Internacional. Dentro del régimen capitalista, arribado a su plenitud, la organización obrera no tendía sino a conquistas prácticas. El proletariado usaba la fuerza de sus sindicatos y de sus sufragios para obtener de la burguesía ventajas inmediatas. En Francia y en otras naciones de Europa apareció el sindicalismo revolucionario como unja reacción contra este socialismo domesticado y parlamentario. Pero en Alemania no encontró el sindicalismo revolucionario un clima favorable. El movimiento socialista alemán se insertaba cada vez más dentro del orden y del Estado burgueses.

La social-democracia alemana no carecía de figuras revolucionarias. Karl Liebknecht, Rosa Luxemburgo, Franz Mehring, Kautsky y otros mantenían viva la llama del marxismo. Mas la burocracia del Partido Socialista y de los sindicatos obreros estaba compuesta de mesurados ideólogos y de prudentes funcionarios, impregnados de la ideología de la clase burguesa. El proletariado creía ortodoxamente en los mismos mitos que la burguesía: la Razón, la Evolución, el Progreso. El magro bienestar del proletariado se sentía solidario del pingüe bienestar del capitalismo. El fenómeno era lógico. La función reformista había creado un órgano reformista. La experiencia y la practica de una política oportunista habían desadaptado, espiritual e intelectualmente, a la burocracia del socialismo para un trabajo revolucionario.

La personalidad de Ebert se formó dentro de este ambiente: Ebert, enrolado en un sindicato ascendió de su rango modesto de obrero manual al rango conspicuo de alto funcionario de la social-democracia. Todas sus ideas y todos sus actos, estaban rigurosamente dosificados a la temperatura política de la época. En su temperamento se adunaban las cualidades y los defectos del hombre del pueblo rutinario, realista y práctico. Desprovisto de genio y de *elan*, dotado sólo de buen sentido popular, Ebert, era un *condottiere* perfectamente adecuado a la actividad prebélica de la social-democracia. Ebert conocía y comprendía la pesada maquinaria de la socialdemocracia que, orgullosa de sus dos millones de electores, de sus ciento diez diputados; de sus cooperativas y de sus sindicatos; se contentaba con el rol que el régimen monárquico-capitalista le había dejado asumir en la vida del Estado alemán. El puesto de Bebel, en la dirección del partido socialista, quizá por esto permanecía vacante. La social democracia no necesitaba en su dirección un líder. Necesitaba, más bien, un mecánico. Ebert no era un mecánico, era un talabartero. Pero para el caso un talabartero era lo mismo, si no más apropiado. Los viejos teóricos de la social-democracia —Kautsky, Bernstein, etc.— no tenían talla de conductores. El partido socialista los miraba como a ancianos oráculos, como a venerables depositarios, de la erudición socialista; pero no como a capitanes o caudillos. Y las figuras de la izquierda del partido, Karl Liebknecht, Rosa Luxemburgo, Franz Mehring, no correspondían al estado de ánimo de una mayoría que rumiaba mansamente sus reformas.

La guerra reveló a la social-democracia todo el alcance histórico de sus compromisos con la burguesía y el Estado. El pacifismo de la socialdemocracia no era sino una inocua frase, un platónico voto de los congresos de la Segunda Internacional. En realidad, el movimiento socialista alemán, estaba profundamente permeado de sentimiento, nacional. La política reformista y parlamentaria había hecho de la social-democracia una, rueda del Estado. Los ciento diez diputados socialistas votaron en el Reichstag a favor del primer crédito de guerra. Catorce de estos diputados, con Haase, Liebknecht y Ledebour a la cabeza, se pronunciaron en contra, dentro del grupo; pero en el parlamento, por razón de disciplina, votaron con la mayoría. El voto del grupo parlamentario socialista se amparaba en el concepto de que la guerra era una guerra de defensa. Más tarde, cuando el verdadero carácter de la, guerra empezó a precisarse, la minoría se negó a seguir asociándose a la responsabilidad de la mayoría. Veinte diputados socialistas se opusieron en el Reichstag a la tercera demanda de créditos de guerra, Los líderes mayoritarios, Ebert y Scheideman, reafirmaron entonces su solidaridad con el Estado. Y, desde ese voto, pusieron su autoridad al servicio, de la política imperial. La minoría fue expulsada del partido.

La derrota obligó a la burocracia del socialismo alemán a jugar un papel superior a sus aptitudes espirituales. Sobrevino un acontecimiento histórico que jamás habían supuesto tan cercano sus pávidas previsiones: la revolución. Las masas obreras, agitadas por la, guerra, animadas por el ejemplo ruso, se movieron resueltamente a la conquista" del poder. Los líderes social-democráticos, los funcionarios de los sindicatos, empujados por la marea popular, tuvieron que asumir el gobierno.

Walter Rathenau ha escrito que "la revolución alemana fue la huelga general de un ejército vencido". Y la frase es exacta. El proletariado alemán no se encontraba espiritualmente preparado para la revolución. Sus líderes, sus burócratas, durante largos años, no habían hecho otra cosa que extirpar de su acción y de su ánima todo impulso revolucionario. La derrota inauguraba un período revolucionario antes que los instrumentos de la revolución estuviesen forjados. Había en Alemania, en suma, una situación revolucionaria; pero no había casi líderes revolucionarios ni conciencia revolucionaria. Liebknecht, Rosa Luxemburgo, Mehring, Joguisches, Leviné, disidentes de la minoría que, convertida en Partido Socialista Independiente, se mantenía en una actitud hamlética, indecisa, vacilante reunieron en la *Spartacusbund* a los elementos más combativos del socialismo. Las muchedumbres comenzaron a reconocer en la *Spartacusbund* el núcleo de una verdadera fuerza revolucionaria y a sostener, insurreccionalmente, sus reivindicaciones.

Le tocó entonces a Ebert y a la social-democracia ejercer la represión de esta corriente revolucionaria. En las batallas revolucionarias de enero y marzo de 1919 cayeron todos los jefes de la *Spartacusbund*. Los elementos reaccionarios y monárquicos, bajo la sombra del gobierno socialdemocrático, se organizaron marcial y fascísticamente con el pretexto de combatir al comunismo. La república los dejó hacer. Y, naturalmente, después de haber abatido a los hombres de la revolución, las balas reaccionarias empezaron a abatir a los hombres de la democracia. Al asesinato de Kurt Eisner, líder de la revolución bávara, siguió el de Haase, líder socialista independiente. Al asesinato de Erzberger, líder del partido católico, siguió el de Walter Rathenau, líder del partido demócrata.

La política social-demócrata ha tenido en Alemania resultados que descalifican el método reformista. Los socialistas han perdido, poco a poco, sus posiciones en el gobierno. Después dé haber acaparado íntegramente el poder, han concluido por abandonarlo del todo, desalojados por las maniobras reaccionarias. El último gabinete se ha constituido sin su visto bueno. Y ha señalado el principio de una revancha de la Reacción.

El fuerte partido de la revolución de noviembre es hoy un partido de oposición. Sus efectivos no han disminuido, Los diputados socialistas al Reichstag son ahora ciento treinta. Ningún otro partido tiene una representación tan numerosa en el parlamento. Pero esta fuerza parlamentaria no consiente a los socialistas controlar el poder. La defensa de la democracia burguesa es, presentemente, todo el ideal de los hombres que en noviembre de 1918 creyeron fundar una democracia socialista.

La responsabilidad de está política no pertenece, por supuesto, totalmente, a Friedrich Ebert. Como se ha comportado Ebert en la Presidencia de la República se habría comportado, sin duda, cualquier otro hombre de la vieja guardia social-democrática; Ebert ha personificado en el gobierno el espíritu de su burocracia.

El sino de Ebert no era un sino heroico. No era un sino romántico. Ebert, no estaba hecho del paño de los grandes reformadores. Nació para tiempos normales; no para tiempos de excepción. Ha usado todas sus fuerzas en su jornada. No podía ser sino el Kerensky de la revolución alemana. Y, no es culpa suya si la revolución alemana, después de un Kerensky, no ha tenido un Lenin.

EL CASO JACQUES SADOUL

Enfoquemos el caso Jacques Sadoul. El nombre del capitán Jacques Sadoul, a fuerza de ser repetido por el cable, es conocido, en todo el mundo: La figura es menos notoria. Merece, sin embargo, mucho más que otras figuras de ocasión, la atención de sus contemporáneos. Henri Barbusse la considera "una de las más claras figuras de este tiempo". Sadoul es, según el autor de *El Fuego*, uno de los luchadores que debemos amar más. André Barthon, su abogado ante el Consejo de Guerra, cree que Sadoul "ha sido un momento de la conciencia humana".

Un Consejo de Guerra condenó a muerte a Sadoul en octubre de 1919; un Consejo de Guerra lo ha absuelto en 1925. Sadoul no ha sido amnistiado como Caillaux por una mayoría parlamentaria amiga. La misma justicia militar que ayer lo declaró culpable, hoy lo ha encontrado inocente. La rehabilitación de Sadoul es más completa y más perfecta que la rehabilitación de Caillaux.

¿Cuál era el "crimen" de Sadoul? "Mi único crimen —ha dicho Sadoul a sus jueces militares de Orleans— es el de haber sido clarividente contra mi jefe Noulens". Toda la responsabilidad de Sadoul aparece, en verdad, como la responsabilidad de una clarividencia. .

Sadoul, amigo y colaborador de Alberto Thomas, Ministro de Municiones y de Armamentos del gobierno de la *unión sagrada*, fue enviada Rusia en setiembre de 1917. El gobierno de Kerensky entraba entonces en su última fase. Su suerte preocupaba hondamente a los aliados. Kerensky se había revelado ya impotente para dominar y encauzar la revolución. Incapaz, por consiguiente, de reorganizar y reanimar el frente ruso. La embajada francesa, presidida por Noulens, estaba íntegramente compuesta de diplomáticos de carrera de hombres de gran mundo. Esta ente, brillante y decorativa en un ambiente de cotillón y de intriga elegantes, era, en cambio, absolutamente inadecuada a un ambiente revolucionario. Hacía falta en la embajada un hombre de espíritu nuevo, de inteligencia inquieta, de juicio penetrante. Un hombre habituado a entender y presentir el estado de ánimo de las muchedumbres. Un hombre sin repugnancia al *demos* ni a la plaza, con capacidad para tratar las ideas y a los hombres de una revolución. El capitán de reserva Jacques Sadoul, socialista moderado, poseía estas condiciones. Militaba en el Partido Socialista. Pero el Partido Socialista formaba entonces parte del ministerio. Intelectual, abogado, procedía, además, de la misma escuela socialista que ha dado tantos colaboradores a la burguesía. En la guerra, había cumplido con su deber de soldado. El gobierno francés lo juzgó, por estas razones, aparente para el cargo de agregado político a la embajada.

Mas sobrevino la Revolución de Octubre. A Sadoul no le tocó ya actuar cerca de un gobierno de mesurados y hamletianos demócratas, como Kerensky, sino cerca de un gobierno de osados y vigorosos revolucionarios como Lenin y Trotsky, detestable para el gusto de una embajada que, naturalmente, cultivaba en los sajones la amistad del antiguo régimen. Noulens y su séquito, en riguroso acuerdo con la aristocracia rusa, pensaron que el gobierno de los Soviets no podía durar. Consideraron la Revolución de Octubre como un episodio borrascoso que el buen sentido ruso, solícitamente estimulado por la diplomacia de la Entente, se resolvería muy pronto a cancelar. Sadoul se esforzó vanamente por iluminar a la embajada. Noulens no quería ni podía ver en los bolcheviques a los creadores de un nuevo régimen ruso. Mientras Sadoul trabajaba por obtener un entendimiento con los Soviets, que evitase la paz separada de Rusia con Alemania, Noulens alentaba las conspiraciones de los más estólidos e ilusos contra-revolucionarios. La Entente, a su juicio, no debía negociar con los bolcheviques. Puesto que la descomposición y el derrumbamiento de su gobierno eran inminentes, la Entente debía, por el contrario, ayudar a quienes se proponían apresurarlos. Hasta la víspera de la paz de Brest Litowsk, Sadoul luchó por inducir a su embajador a ofrecer a los Soviets los medios económicos y técnicos de continuar la guerra. Una palabra oportuna podía detener aún, la paz separada. Los jefes bolcheviques capitulaban consternados antelas brutales condiciones de Alemania. Habrían preferido combatir por una paz justa entre todos los pueblos beligerantes: Trotsky, sobre todo, se mostraba favorable al acuerdo propugnado por Sadoul. Pero el fatuo embajador no comprendía ni percibía nada de esto. No se daba cuenta, en lo absoluto de que la revolución bolchevique, buena o mala, era de todas maneras, un hecho histórico. Temeroso de que los informes de Sadoul impresionasen al gobierno francés, Noulens se guardó de trasmitirlos telegráficamente.

Los informes de Sadoul llegaron, sin embargo, a Francia: Sadoul escribía, frecuentemente, al Ministro Albert Thomas y a los diputados socialistas Longuet, Lafont y Pressemane. Estas cartas fueron oportunamente conocidas por Clemenceau. Pero no lograron, por supuesto, atenuar la feroz hostilidad, de Clemenceau contra los Soviets. Clemenceau opinaba como Noulens. Los bolcheviques no podían conservar el poder. Era fatal, era imperioso, era urgente que lo perdiesen.

Clemenceau dio la razón a su embajador. Sadoul se atrajo todas las cóleras del poder. La embajada estuvo a punto de mandarlo en comisión a Siberia, como un medio de desembarazarse de él y de castigar la independencia y la honradez de sus juicios. Lo hubiera hecho si una grave circunstancia no se lo hubiera desaconsejado. El capitán Sadoul le servía de pararrayos en medio de la tempestad bolchevique. A su sombra, a su abrigó, la, embajada maniobraba contra el nuevo régimen. Los servicios de Sadoul, convertido en un fiador ante los bolcheviques, le resultaban necesarios. Mas el juego fue finalmente descubierto. La embajada tuvo que salir de Rusia.

La revolución, en tanto, se había apoderado cada vez más de Sadoul. Desde el primer instante, Sadoul había comprendido su alcance histórico. Pero, impregnado todavía de una ideología democrática, no se había decidido a aceptar su método. La actitud de las democracias aliadas ante los Soviets se encargó de desvanecer sus últimas ilusiones democráticas. Sadoul vio a la Francia republicana y a la Inglaterra liberal, exiliadas del despotismo asiático del zar, encarnizarse rabiosamente contra la dictadura revolucionaria del proletariado. El contacto con los líderes de la revolución le consintió, al mismo tiempo, aquilatar su valor, Lenin y Trotsky se revelaron- a sus ojos y a su conciencia, en un momento en que la civilización los rechazaba, como dos hombres de talla excepcional. Sadoul, poseído por la emoción que estremecía el alma rusa, se entregó gradualmente a la revolución. En julio de 1918 escribía a sus, amigos, a Longuet, a Thomas, a Barbusse, a Romain Rolland: "Como la mayor parte de nuestros camaradas franceses, yo era antes de la guerra un socialista reformista, amigo de una sabia evolución, partidario resuelto de las reformas que una a una, vienen a mejorar la situación de los trabajadores, a aumentar sus recursos materiales e intelectuales, a apresurar su organización y a multiplicar su fuerza. Como tantos otros, yo vacilaba ante la responsabilidad de desencadenar, en plena paz social (en la medida en que es posible hablar de paz social dentro de un régimen capitalista), una crisis revolucionaria, inevitablemente caótica, costosa, sangrienta y que, mal conducida, podía estar destinada al fracaso. Enemigos de la violencia por encima de todo, nos habíamos alejado poco a poco de las sanas tradiciones marxistas. Nuestro evolucionismo impenitente nos había llevado a confundir el medio, esto es la reforma, con el fin, o sea la, socialización general de los medios de producción y de cambio. Así nos habíamos separado, hasta perderla de vista, de la única táctica socialista admisible, la táctica revolucionaria. Es tiempo de reparar los errores cometidos."

Noulens y sus secretarios denunciaron en Francia a Sadoul como un funcionario desleal. Les urgía inutilizarlo, invalidarlo como acusador de la incomprensión francesa. Clemenceau ordenó un proceso. El Parido Socialista designó a Sadoul candidato a una diputación. El pueblo era invitado, de este modo, a amnistiar al acusado. La elección habría sido entusiasta. Clemenceau decidió entonces .inhabilitar a Sadoul. Un consejo de guerra se encargó de juzgarlo en contumacia y de sentenciarlo a muerte.

Sadoul tuvo que permanecer en Rusia. La amnistía de Herriot, regateada y mutilada por el Senado, no quiso, beneficiarlo como a Caillaux y como a Marty. Sobre Sadoul continuó pesando una sentencia de muerte. Pero Sadoul comprendió que era, a pesar de todo, el momento de volver a Francia. La opinión popular, suficientemente informada sobre su cago, sabría defenderlo. A su llegada, a París, la policía procedió a arrestarlo. Protestó la extrema izquierda. El gobierno respondió que Sadoul no estaba comprendido en la amnistía. Sadoul pidió que se reabriera su proceso. Y en enero último compareció ante el Consejo de Guerra, En esa audiencia, Sadoul habló como un acusador más bien que como un acusado. En vez dé una defensa, la suya fue una requisitoria ¿Quién se había equivocado? No por cierto él, que había, predicho la duración y que había advertido la solidez del nuevo régimen ruso. No por cierto él, que había preconizado una cooperación franco-rusa, recíprocamente respetuosa del igual derecho de ambos pueblos a elegir su propio gobierno, admitida ahora, en cierta forma, con la reanudación dé las relaciones diplomáticas. No; no se había equivocado él; se había equivocado Noulens. El proceso Sadoul se transformaba en cierta forma en un proceso a Noulens. El Consejo de Guerra acordó la reapertura del proceso y la, libertad condicional de Sadoul. Y luego pronunció su absolución. La historia se había anticipado a este fallo.

La escena contemporánea: V.- La revolución y la inteligencia

V.- La revolución y la inteligencia

La escena contemporánea José Carlos Mariátegui

EL GRUPO CLARTÉ

LOS dolores y los horrores de la gran guerra han producido una eclosión de ideas revolucionarias y pacifistas. La gran guerra no ha tenido sino escasos y mediocres cantores. Su literatura es pobre, ramplona y oscura. No cuenta con un solo gran monumento. Las mejores páginas que se han escrito sobre la guerra mundial no son aquéllas que la exaltan, sino aquéllas que la detractan. Los más altos escritores, los más hondos artistas han sentido, casi unánimemente, una aguda necesidad de denunciarla y maldecirla cómo un crimen monstruoso, como un pecado terrible de la humanidad occidental. Los héroes de las trincheras no han encontrado cantores ilustres. Los portavoces de su gloria, desprovistos de todo gran acento poético, han sido periodistas y funcionarios. Poincaré —un abogado, un burócrata— ¿no es acaso el cantor máximo de la victoria francesa? La contienda última —contrariamente a, lo que dicen los escépticos— no ha significado un revés para el pacifismo. Sus electos y sus influencias han sido, antes bien, útiles a las tesis pacifistas. Esta amarga prueba, no ha disminuido al pacifismo; lo ha aumentado. Y, en vez de desesperarlo, lo ha exasperado. (La guerra, además, fue ganada por un predicador de la paz: Wilson. La victoria tocó a aquellos pueblos que creyeron batirse porque esta guerra fuese la última de las guerras). Puede afirmarse que se ha inaugurado un período de decadencia de la guerra y de decadencia del heroísmo bélico, por lo menos en la historia del pensamiento y del arte. Ética y estéticamente, la guerra ha perdido mucho terreno en los últimos años. La humanidad ha cesado de considerarla bella. El heroísmo bélico no interesa como antes a los artistas. Los artistas contemporáneos prefieren un tema opuesto y antitético: los sufrimientos y los horrores bélicos. El Fuego quedará, probablemente, como la más verídica crónica de la contienda. Henri Barbusse como el mejor cronista de sus trincheras y sus batallas.

La inteligencia ha adquirido en suma, una actitud pacifista. Pero este pacifismo no tiene en todos, sus adherentes las mismas consecuencias. Muchos intelectuales creen que se puede asegurar la paz al mundo a través de la ejecución del programa de Wilson. Y aguardan resultados mesiánicos de la Sociedad de las Naciones. Otros intelectuales piensan que el viejo orden social, dentro del cual son fatales la paz armada y la diplomacia nacionalista, es impotente e inadecuado para la realización del ideal pacifista. Los gérmenes de la guerra están alojados en el organismo de la sociedad capitalista. Para vencerlos es necesario, por consiguiente, destruir este régimen cuya misión histórica, de otro lado, está ya agotada. El núcleo central de esta tendencia es el grupo clartista que acaudilla, o, mejor dicho, representa Henri Barbusse.

Clarté, en un principio, atrajo a sus rangos no sólo a los intelectuales revolucionarios sino también a algunos intelectuales estacionados en el ideario liberal y democrático. Pero éstos no pudieron seguir la marcha de aquéllos.

Barbusse y sus amigos se solidarizaron cada vez más con el proletariado revolucionario. Se mezclaron, por ende, a su actividad política. Llevaron a la Internacional del Pensamiento hacia el camino de la Internacional Comunista. Esta era la trayectoria fatal de *Clarté*. No es posible entregarse a medias a la Revolución. La revolución es una obra política. Es una realización concreta. Lejos de las muchedumbres que la hacen, nadie puede servirla eficaz y válidamente. La labor revolucionaria no puede ser aislada, individual, dispersa. Los intelectuales de verdadera filiación revolucionaria no tienen más remedio que aceptar un puesto en una acción colectiva. Barbusse es hoy un adherente, un soldado del Partido Comunista Francés. Hace, algún tiempo presidió en Berlín un congreso de antiguos combatientes. Y desde la tribuna de este congreso dijo a los soldados franceses del Ruhr que, aunque sus jefes se lo ordenasen no debían disparar jamás contra los trabajadoras alemanes Estas palabras le costaron un proceso y habría podido costarle una condena. Pero pronunciarlas era para él un deber político.

Los intelectuales son, generalmente, reacios a la disciplina, al programa y al sistema. Su psicología es individualista y su pensamiento es heterodoxo: En ellos, sobre todo, el sentimiento de la individualidad es excesivo y desbordante. La individualidad del intelectual se siente casi siempre superior a las reglas comunes. Es frecuente, en fin, en los intelectuales el desdén por la política. La política les parece una actividad de burócratas y de rábulas: Olvidan que así es tal vez en los períodos quietos de la historia, pero no en los períodos revolucionarios, agitados, grávidos, en que se gesta un nuevo, estado social y una nueva forma política. En estos períodos la política deja de ser oficio de una rutinaria casta profesional. En estos períodos la política rebasa los niveles vulgares e invade y domina todos los ámbitos de la vida de la humanidad. Una revolución representa un grande y vasto interés humano. Al triunfo de ese interés superior no se oponen nunca sino los prejuicios y los privilegios amenazados de una minoría egoísta. Ningún espíritu libre, ninguna mentalidad sensible, puede ser indiferente a tal conflicto. Actualmente, por ejemplo, no es concebible un hombre de pensamiento para el cual no exista la cuestión social. Abundan la insensibilidad y la sordera de los intelectuales a los problemas de su tiempo; pero esta insensibilidad y esta sordera no son normales. Tienen que ser clasificadas como excepciones patológicas. "Hacer política —escribe Barbusse— es pasar del sueño a las cosas, de lo abstracto a lo concreto. La política es el trabajo efectivo del pensamiento social; la política es la vida. Admitir una solución de continuidad entre la teoría y la práctica, abandonar a sus propios esfuerzos a los realizadores, aunque sea concediéndoles una amable neutralidad, es desertar de la causa humana".

Tras de una aparente repugnancia estética de la política se disimula y se esconde, a veces, un vulgar sentimiento conservador. Al escritor y al artista no les gusta confesarse abierta y explícitamente reaccionarios. Existe siempre cierto pudor intelectual para solidarizarse con lo viejo y lo caduco. Pero, realmente, los intelectuales no son menos dóciles ni accesibles a los prejuicios y a los intereses conservadores que los hombres comunes. No sucede, únicamente, que el poder dispone de academias, honores y riquezas suficientes para asegurarse una numerosa clientela de escritores y artistas. Pasa, sobre todo, que a la revolución no se llega sólo por una vía fríamente conceptual. La revolución más que una idea, es un sentimiento. Más que un concepto, es una pasión. Para comprenderla se necesita una espontánea actitud espiritual, una especial capacidad psicológica. El intelectual, como cualquier idiota, está sujeto a la influencia de su ambiente, de su educación y de su interés. Su inteligencia no funciona libremente. Tiene una natural inclinación a adaptarse a las ideas más cómodas; no a las ideas más justas. El reaccionarismo de un intelectual, en una palabra, nace de los mismos móviles y raíces que el reaccionarismo de un tendero. El lenguaje es diferente; pero el mecanismo de la actitud es idéntico.

Clarté no existe ya como esbozo o como principio de una Internacional del Pensamiento. La Internacional de la Revolución es una y única. Barbusse lo ha reconocido dando su adhesión al comunismo. *Clarté* subsiste en Francia como un núcleo de intelectuales de vanguardia, entregado a un trabajo de preparación de una cultura proletaria. Su proselitismo crecerá a medida que madure una nueva generación. Una nueva generación que no se contente con simpatizar en teoría con las reivindicaciones revolucionarias, sino que sepa, sin reservas mentales, aceptarlas, quererlas y actuarlas. Los *clartistas*, decía antes Barbusse, no tienen lazos oficiales con el comunismo; pero constatan que el comunismo internacional es la encarnación viva de un sueño social bien concebido. *Clarté* ahora no es sino una faz, un sector del partido revolucionario. Significa un es fuerzo de la inteligencia, por entregarse a la revolución y un esfuerzo de la revolución por apoderarse de la inteligencia. La idea revolucionaria tiene que desalojar ala idea conservadora no sólo de las instituciones sino también de la mentalidad y del espíritu de la humanidad. Al mismo tiempo que la conquista del poder; la Revolución acomete la conquista del pensamiento.

HENRI BARBUSSE

El caso de Barbusse es uno de los que mejor nos instruyen sobre el drama de la inteligencia contemporánea. Esté drama no puede ser bien comprendido sino por quienes lo han vivido un poco. Es un drama silencioso, sin espectadores y sin comentadores, como casi todos los grandes dramas de la vida. Su argumento, dicho en pocas y pobres palabras, es éste: la Inteligencia demasiado enferma de ideas negativas, escépticas; disolventes, nihilistas, no puede ya volver, arrepentida, a los mitos viejos y no puede todavía aceptar la verdad nueva. Barbusse ha sufrido todas sus dudas, todas sus vacilaciones. Pero su inquietud ha conseguido superarlas. En su alma se ha abierto paso una nueva intuición del mundo. Sus ojos, repentinamente iluminados, han visto aun resplandor en el abismo. Ese resplandor es la Revolución. Hacia él marcha Barbusse por la senda oscura y tempestuosa que a otros aterra.

Los libros de Barbusse marcan las diversas estaciones de la trayectoria de su espíritu. Los primeros libros de Barbusse, *Pleureuses*, versos, y *Les Suppliants*, novela, son dos estancias melancólicas de su poesía, son dos datos de su juventud. Su arte madura en *L'Enfer* y en *Nous Autres*, libros desolados, pesimistas, acerbos. La poesía barbussiana llega al umbral de estos tiempos procelosos con una pesada carga de tristeza y desencanto. *L'Enfer* tiene un amargo acento de desesperanza. Pero el pesimismo de Barbusse no es cruel, no es corrosivo, como, por ejemplo, el de Andreíev. Es un pesimismo piadoso, es un pesimismo fecundo. Barbusse constata que la vida es dolorosa y trágica; pero no la maldice. Hay en su poesía, aún en sus más angustiosas peregrinaciones, un amor, una caridad infinitos. Ante la miseria y el dolor humano, su gesto está siempre lleno de ternura y de piedad por el hombre. El hombre es débil, es pequeño, es miserable, es a veces grotesco. Y precisamente por esto no debe ser befado, no merece ser detractado.

Esta era la, actitud espiritual de Barbusse cuando vino la guerra. Barbusse fue, uno de sus actores anónimos, uno de sus soldados ignotos. Escribió con la sangre de la gran tragedia una dolorosa crónica de las trincheras: *El Fuego*. *Le Feu*, describe todo el horror, toda la brutalidad, todo el fango, de la guerra, de esa guerra que la locura de Marinetti llamaba "la única higiene del mundo". Pero, sobre todo, El Fuego es una protesta contra la matanza. La guerra hizo de Barbusse un rebelde. Barbusse sintió el deber de trabajar por el advenimiento de una sociedad nueva. Comprendió la ineptitud y la esterilidad de las actitudes negativas. Fundó entonces el grupo *Claridad*, germen de una Internacional del Pensamiento. *Clarté* fue, en un principio, un hogar intelectual donde se mezclaban, con Henri Barbusse y Anatole France, muchos vagos pacifistas, muchos indefinidos rebeldes. La misma estructura espiritual tenía la Asociación Republicana de Ex-combatientes, creada también por Barbusse para reunir alrededor del ideal pacifista a todos los soldados, a todos los vencidos de la guerra. Barbusse y *Clarté* siguieron la idea pacifista y revolucionaria hasta sus últimas consecuencias. Se dieron, se entregaron cada vez más a la Revolución.

A este período de la vida de Barbusse pertenecen *La Lueur dans l'Abime* y *Le Couteau entre les Dents*. *El Cuchillo entre los Dientes* es un llamamiento a los intelectuales. Barbusse recuerda a los intelectuales el deber revolucionario de la Inteligencia. La función de la Inteligencia es creadora. No debe, por ende, conformarse con la subsistencia de una forma social que su crítica ha atacado y corroído tan enérgicamente. El ejército innumerable de los humildes, de los pobres, de los miserables, se ha puesto resueltamente en marcha hacia la Utopía que la Inteligencia, en sus horas generosas, fecundas y videntes, ha concebirlo. Abandonar a los humildes, a los pobres, en su batalla contra la iniquidad es una deserción cobarde. El pretexto de la repugnancia a la política es un pretexto femenino y pueril. La política es hoy la única grande actividad creadora. Es la realización de un inmenso ideal humano. La política se ennoblece, se dignifica, se eleva cuando es revolucionaria. Y la verdad de nuestra época es la Revolución. La revolución que será para los pobres no sólo la conquista del pan, sino también la conquista de la belleza, del arte, del pensamiento y de todas las complacencias del espíritu.

Barbusse no se dirige, naturalmente, a los intelectuales degradados por una larga y mansa servidumbre. No se dirige a los juglares, a los bufones, a los cortesanos del poder y del dinero. No se dirige a la turba inepta y emasculada de los que se contentan, ramplonamente, con su oficio de artesanos de la palabra. Se dirige a los intelectuales y artistas libres, a los intelectuales y artistas jóvenes. Se dirige a la Inteligencia y al Espíritu.

LES ENCHAINEMENTS

¿*Les Enchainements*, el nuevo libro de Henri Barbusse, es una novela o un poema? He ahí una cuestión que preocupa a la crítica. La crítica necesita, ordinariamente, antes de juzgar una obra, entenderse sobre su género. Pero, en este caso, la averiguación me parece un poco banal. *Les Enchainements* no se deja encerrar en ninguna de las casillas de la técnica literaria. Barbusse nos advierte en el prefacio de su obra de la dificultad de clasificarla. Como un Dante de su época, el poeta de *Le Feu* ha descendido al abismó del dolor universal. Ha penetrado en la realidad profunda de la historia. Ha interrogado a las muchedumbres de todas las edades. Y luego, ha reconstruido, encadenando sus episodios, la unidad de la tragedia humana para escribir este poema o esta novela, ha tenido que "aventurarse en un plan nuevo". "Cuando he ensayado condensar la evocación múltiple —escribe— me ha parecido tocar a tiendas formas de arte diversas: la novela, el poema, el drama y aun la gran.perspectiva cinematográfica y la eterna tentación del fresco".

Se encuentra realmente, en *Les Enchainements*, elementos de todos estos medios de expresión artística. El nuevo libro de Barbusse no se ajusta a ninguna receta. Paul Souday lo anexa al género del *Fausto* de Goethe y de *Las Tentaciones de San Antonio* de Flaubert. Su sagacidad crítica esquiva los riesgos de una clasificación más específica.

En *Les Enchainements* la novela es un pretexto. El protagonista es un pretexto también. El poeta Serafín Tranchel no vive casi su vida actual. Revive su vida de otros siglos. Es un caso de individuo en quien se despierta la memoria ancestral. Barbusse aplica en su novela una teoría científica. La teoría de que "todas las impresiones sin excepción no solamente quedan inscritas, en potencia y en estado latente, en el cerebro, sino que se trasmiten integralmente de individuo a individuo". Y aquí surge, seguramente, para algunos, otra cuestión de procedimiento estético. ¿Se debe hacer intervenir a la ciencia en una obra de imaginación? El debate sería superfluo. La cuestión resulta impertinente, extraña, desplazada. Una obra de estas proporciones tenía que llevar el sello de la época y de la civilización a que pertenece. Tenía que representar la sensibilidad y cultura de un hombre de Occidente. Criatura de su siglo, Barbusse no podía explicarse sino científicamente las reminiscencias, los recuerdos ancestrales de su personaje. De otra suerte habría flotado en la atmósfera de la novela algo de esotérico, algo de sobrenatural que habría deforman do sus líneas. Ninguno de los ingredientes del laboratorio de Maeterlinck podía servir a Barbusse. La convención empleada simplifica, además, extremamente la arquitectura de *Les Enchainements*. Las visiones, las evocaciones de Serafín Tranchel se suceden, nítidas, lúcidas, plásticas, sin ningún nexo artificioso. Barbusse nos conduce parsimoniosamente por el Infierno, el Cielo y el Purgatorio. Su técnica suprime el viaje. De una edad nos hace pasar a otra edad. En cada episodio, en cada cuadro, el mismo drama reaparece, dentro de un decorado distinto. No hay transiciones, no hay intervalos extraños a ese drama. Esto es lo que *Les Enchainements* tienen de cinematográfico, en la acepción noble de este adjetivo. Pero cada episodio, cada cuadro no es una titilante y fugitiva visión cinematográfica. Es un gran fresco. Las figuras no son escultóricas como las de los frescos de Miguel Angel. Tienen más bien esa especie de vaguedad de los frescos de Puvis de Chavannes. Esa especie de vaguedad que tienen casi siempre los protagonistas barbussianos.

La técnica toda de *Les Enchainements*, si se ahonda en su génesis, es esencial y típicamente barbussiana. Barbusse emplea en esta obra el método de sus obras anteriores. *Le Feu* no es tampoco una novela. Es una crónica de las trincheras. Es un relato del horror bélico. El procedimiento de *Les Enchainements* está, si se quiere, bosquejado en *L'Enfer*. El personaje, más qué como un actor, se comporta como un espectador del drama humano que, por ser el drama de todos, es también su propio drama. Pero no hay en él solamente un espectador, sino, sobre todo, un iluminado, un vidente. Bajo las apariencias falaces de la vida, sus ojos aprehenden una eterna verdad trágica. En todos los hechos que contempla late una emoción idéntica.

Nuestra época aparecía, literariamente, como una época de decadencia del género épico. Barbusse sin embargo, ha escrito una obra épica. Épica porque se inspira en un sentimiento multitudinario. Épica porque tiene el acento de una canción de gesta. Nada importa que, al mismo tiempo, sea lírica como un evangelio. La preceptiva ha deformado demasiado el sentido de le épico y de lo lírico, con sus rígidas y escuetas definiciones. La épica renace. Pero no es ya la misma épica de la civilización capitalista. Es la épica larvada, e informe todavía, de la civilización proletaria. El literato del mundo que tramonta no logra casi asir sino lo individual. Su literatura se recrea en la descripción sutil de un estado de alma, en la degustación voluptuosa de un pecado o de un goce, en un juego mórbido de la fantasía. Literatura psicológica. Literatura psicoanalítica que elige sus sujetos en la costra enferma del planeta. Para el literato de la revolución existen otras categorías humanas y otros valores universales. Su mirada no descubre sólo los seres de excepción de la superficie. Vuela hacia otros ámbitos. Explora otros horizontes. El artista de la revolución siente la necesidad de interpretar el sueño oscuro de la masa, la ruda gesta de la muchedumbre. No le interesa, exclusiva y enfermizamente, el caso: le interesa, panorámica y totalmente, la vida. La vieja épica, era la exaltación del héroe; la nueva épica será la exaltación de la multitud. En sus cantos, los hombres dejarán de ser el coro anónimo e ignorado del hombre.

Vivimos todavía demasiado presos, dentro de los confines de una literatura decadente y moribunda, para presentar o concebir los contornos y los colores de un arte nuevo, en embrión, en potencia apenas. El propio. Barbusse procede, por ejemplo, de una escuela decadente de cuya influencia no puede hasta ahora liberarse del todo. Mas *Les Enchainements* no es un fenómeno solitario en la historia contemporánea. Aparecen desde hace tiempo signos precursores de un arte que, como las catedrales góticas, reposará sobre una fe multitudinaria. En algunos poemas de Alejandro Blok —*enfant du siécle* como Barbusse— en *Los Escitas*, verbigracia, se siente ya el rumor caudaloso de un pueblo en marcha. Vladimir Mayaskowski, el poeta de la revolución rusa, preludia, más tarde, en su poema 150'000,000 una canción de gesta. Los animadores del nuevo teatro ruso ensayan en Moscú representaciones en que intervienen millares de personas y que Bertrand Russell comparó con los *Misterios* de la Edad Media por su carácter imponente y religioso. El siglo del Cuarto Estado, el siglo de la revolución social, prepara los materiales de su épica y de Sus epopeyas ¿La misma guerra mundial no ha reclamado acaso el máximo homenaje para un símbolo de la masa: el soldado desconocido?

Ningún literato de Occidente manifiesta en su arte, la misma ternura por él hombre, la misma pasión por la muchedumbre que Henri Barbusse. El autor de *L'Enfer*, no se muestra atraído por el personaje. Se muestra atraído por los hombres. El argumento de todas las páginas es el drama humano. Drama uno y múltiple. Drama de todas las edades. Barbusse reivindica, con .infinito amor, con vigorosa energía, la gloria humilde de la muchedumbre: «Es la cariátide —escribes— que ha cargado sobre su cuello toda la historia dorada de los otros».

En *Les Enchainements* este sentimiento aflora a cada instante. "Busca la aventura prodigiosa del número... Las multitudes que hacen la guerra... Las multitudes que hacen las cosas... El número ha cambiado la faz de la naturaleza. El número ha producido las ciudades. Las masas oscuras son la base de las montañas, el mundo se ensombrece gradualmente como una tempestad. Las líneas convergentes de las rutas, los tráficos y las expediciones se hunden en los bajos fondos, de los cuales se extrae la fuerza, la vida y la alteza misma de los reyes. Yo veo, semihundida en la tierra, semiahogada en el aire, a la cariátide".

Este sentimiento constituye el fondo del nuevo libro de Barbusse. *Les Enchainements* es el drama de la cariátide. Es la novela de este Atlas que porta el mundo sobre sus espaldas curvadas y sangrantes. Y este sentimiento distingue la épica de Barbusse de la épica antigua, de la épica clásica. Barbusse ve en la Historia lo que los demás tan fácilmente ignoran. Ve el dolor, ve el sufrimiento, ve la tragedia. Ve la trama oscura y gruesa sobre la cual, olvidándola y negándola, bordan algunos hombres sus aventuras y su fama. La historia es una colección de biografías ilustres. Barbusse escruta sus *dessous*. En su libro todas las grandes ilusiones, todos los grandes mitos de la humanidad dejan caer su máscara. La revelación divina, la palabra rebelde, no han perdurado nunca puras. Han sido, por un instante, una esperanza. Han parecido renovar y redimir al mundo. Pero, poco a poco, han envejecido. Se han petrificado en una fórmula. Se han desvanecido en un rito. "La verdad no ha prevalecido contra el error sino a fuerza de parecérsele".

El ritmo del libro es doloroso. Sus visiones, como las de *L'Enfer*, son acerbamente dramáticas. Pero, libro pesimista como todos los de los profetas, como todos los de las religiones, *Les Enchainements* encierra una iluminada y suprema promesa. La verdad no ha triunfado antes porque no ha sabido ser la verdad de los pobres. Ahora se acerca, finalmente, el reino de los pobres, de los miserables, de los esclavos. Ahora la verdad viene en los brazos rudos de Espartaco. "El pueblo que del hombre no tenía sino el olor y que el hombre forzaba a no pensar sino con su carne; el número, anónimo como la tierra y como el agua, el gran muerto ha adquirido conciencia de sí mismo". Barbusse escucha la música *furiosamente dulce* de la Revolución. "He aquí —exclama— que vibra sonora esta cosa, este espectáculo: *Debout les damnés de la terre!*". El libro se cierra con una invocación a todos los hombres: *Par sagesse, par pitié, revoltes vous.*

¿Ha escrito Barbusse una obra maestra, su obra maestra? Otra pregunta impertinente. *Les Enchainements* es un libro de excepción que no es posible medir con las medidas comunes. Su puesto en la historia de la literatura no depende de su contingente mérito artístico que es, por supuesto, altísimo. Depende de, que, llegue o no a ser un evangelio de la Revolución, una profecía del porvenir. Y de que consiga encender en muchas almas la llama de una fe y crispar mudaos puños en un gesto de rebeldía.

ANATOLE FRANCE

El crepúsculo de Anatole France ha sido el de una vida clásica. Anatole France ha muerto lenta y compuestamente, sin prisa y sin tormento, como él, acaso, se propuso morir. El itinerario de su carrera fue siempre el de una carrera ilustre. France llegó puntualmente a todas las estaciones de la inmortalidad. No conoció nunca el retardo ni la anticipación. Su apoteosis ha sido perfecta, cabal, exacta, como los períodos de su prosa. Ningún rito, ninguna ceremonia ha dejado de cumplirse. A su gloria no le ha faltado nada: ni el sillón de la Academia de Francia ni el Premio Nóbel.

Anatole France no era un agnóstico en la guerra de clases. No era un escritor sin opiniones políticas, religiosas y sociales. En el conflicto que desgarra la sociedad y la civilización contemporáneas no se había inhibido de tornar parte. Anatole France estaba por la revolución y con la revolución. "Desde el fondo de su biblioteca —como decía una vez un periódico francés— bendecía las empresas de la gran Virgen". Los jóvenes lo amábamos por eso.

Pero la adhesión a France, en estos tiempos de acérrima beligerancia, va de la extrema derecha a la extrema izquierda. Coinciden en el acatamiento al maestro reaccionario y revolucionario.

No han existido, sin embargo, dos Anatole France, uno parte uso externo deja burguesía y del orden, otro para regalo de la revolución y sus fautores: Acontece, más bien, que la personalidad de Anatole France tiene diversos lados, diversas facetas, diversos matices y que cada sector del público se consagra a la admiración de su escorzo predilecta. La gente vieja, la gente moderada ha frecuentado, por ejemplo *La Rotisserie de la Reine Pedauque* y ha paladeado luego, como un licor aristocrático, *Les opinions de Jerome Coignard*. La gente nueva, en tanto, ha gustado de encontrar a France en compañía de Jaurés o entre los admiradores de Lenin.

Anatole France nos aparece un poco más complejo, un poco menos simple del France que nos ofrecen generalmente la crítica y sus lugares comunes. France ha vivido siempre en un mismo clima, aunque han pasado por su obra diversas influencias. Ha escrito durante más de cincuenta años, en tiempos muy versátiles, veloces y tornadizos. Su producción, por ende, corresponde a las distintas estaciones de su época heteróclita y cosmopolita. Primero acusa un gusto parnasiano, ático, preciosista; en seguida obedece una intención disolvente, nihilista, negativa; luego adquiere la afición de la utopía y de la crítica social. Pero bajo la superficie ondulante de estas manifestaciones, se advierte una línea persistente y duradera.

Pertenece Anatole France a la época indecisa, fatigada, en que madura la decadencia burguesa. Sus libros denuncian un temperamento educado clásicamente, nutrido de antigüedad; curado de romanticismo, amanerado, elegante y burlón. No llega France al escepticismo y al relativismo actual. Sus negaciones y sus dudas tienen matices benignos. Están muy lejos de la desesperanza incurable y honda de Andreiev, del pesimismo trágico de *El Infierno* de Barbusse y de la burla acre y dolorosa de *Vestir al desnudo* y otras obras de Pirandello. Anatole France huía del dolor. Era la suya un alma griega, enamorada de la serenidad y de la gracia. Su carne era una carne sensual como la de aquellos pretéritos abates liberales, un poco volterianos, que conocían a los griegos y los latinos más que el evangelio cristiano y que amaban, sobre todas las cosas, la buena mesa. Anatole France era sensible al dolor y a la injusticia. Pero le disgustaba que existieran y trataba de ignorarlos. Ponía sobre la tragedia humana la frágil espuma de su ironía. Su literatura es delicada, transparente y ática como el champagne. Es el champagne melancólico, el vino capitoso y perfumado de la decadencia burguesa; no es el amargo y áspero mosto de la revolución proletaria. Tiene contornos exquisitos y aromas aristocráticos. Los títulos de sus libros son de un gusto quintaesenciado y hasta decadente: *El Estuche de Nácar*, *El Jardín de Epicuro*, *El Anilla de Amatista*, etc. ¿Qué importa que bajo la carátula de *El Anillo de Amatista* se oculte una procaz intención anticlerical? El fino título, el atildado estilo, bastan para ganar la simpatía y el consenso de la opinión burguesa. La emoción social, el latido trágico de la vida contemporánea quedan fuera de esta literatura. La pluma de France no sabe aprehenderlos. No lo intenta siquiera. El ánima y las pasiones de la muchedumbre se le escapan. "Sus finos ojos de elefante" no saben penetrar en la entraña oscura del pueblo; sus manos pulidas juegan felinamente con las cosas y los hombres de la superficie. France satiriza a la burguesía, la roe, la muerde con sus agudos, blancos y maliciosos dientes; pero la anestesia con el opio sutil de su estilo erudito y musical, para que no sienta demasiado el tormento.

Se exagera mucho el nihilismo y el escepticismo de France que, en verdad, son asaz leves y dulces. France no era tan incrédulo como parecía. Impregnado de evolucionismo, creía en el progreso casi ortodoxamente. El socialismo era para France una etapa, una estación del Progreso. El valor científico del socialismo lo conmovía más que su prestigio revolucionario: Pensaba France que la Revolución vendría; Pero que vendría casi a plazo fijo. No sentía ningún deseo de acelerarla ni de precipitarla. La revolución le inspiraba un respeto místico, una adhesión un poco religiosa. Esta adhesión no fue, ciertamente, un episodio de su vejez. France dudó durante mucho tiempo; pero en el fondo de su duda y de su negación latía una ansia imprecisa de fe. Ningún espíritu, que se siente vacío, desierto, deja de tender, finalmente, hacia un mito, hacia una creencia. La duda es estéril y ningún hombre se conforma estoicamente con la esterilidad. Anatole France nació demasiado tarde para creer en los mitos burgueses; demasiado tempranos para renegarlos plenamente. Lo sujetaban a una época que no amaba, el pesada lastre del pasado, los sedimentos de su educación y su, cultura, cargados de nostalgias estéticas. Su adhesión a la Revolución fue un acto intelectual más bien que un acto espiritual.

Las izquierdas se han complacido siempre de reconocer a Anatole France como una de sus figuras. Sólo con motivo de su jubileo, festejado por toda Francia, casi unánimemente, los intelectuales de la extrema izquierda sintieron la necesidad de diferenciarse netamente de él. *Clarté*, negó "al nihilista sonriente, al escéptico florido", el derecho al homenaje de la revolución. "Nacido bajo el signo de la democracia —decía *Clarté*— Anatole France queda inseparablemente unido a la Tercera República". Agregaba que "las pequeñas tempestades y las mediocres convulsiones de ésta" componían uno de los principales materiales de su literatura y que su escepticismo "pequeño truco al alcance de todas las bolsas y de todas las almas, era en suma el efecto de la mediocridad circundante".

Pero, malgrado estas discrepancias y oposiciones, nada más falso que la imagen de un Anatole France muy burgués, muy patriota, muy académico, que nos aderezan y sirven las cocinas de la crítica conservadora. No, Anatole France no era tan poca cosa. Nada le habría humillado y afligido más en su vida que la previsión de merecer de la posteridad ese juicio. La justicia de pobres, la utopía y la herejía de los rebeldes, tuvieron siempre en France un defensor. Dreyfusista con Zolá hace muchos años, clartista con Barbusse hace muy pocos años, el viejo y maravilloso escritor insurgió siempre contra el viejo orden social. En todas las cruzadas del bien ocupó su puesto de combate. Cuando el pueblo francés pidió la amnistía de Andrés Marty, el marino del Mar Negro que no quiso atacar Odesa comunista, Anatole France proclamó el heroísmo y el deber de la indisciplina y la desobediencia ante una orden criminal. Varios de sus libros, *Opiniones Sociales*, *Hacia los Nuevos Tiempos*, etc., señalan a la humanidad las vías del socialismo.

Otro de sus libros *Sobre la Piedra Blanca*, que tiende el vuelo hacia el porvenir y la utopía, es uno de los mejores documentos de su personalidad. Todos los elementos de su arte se conciertan y combinan en esas páginas admirables. Su pensamiento, alimentado de recuerdos de la antigüedad clásica, explora el porvenir distante desde un anciano proscenio. Las *dramatis personae* de la novela, gente selecta, exquisita e intelectual, de alma al mismo tiempo antigua y moderna, se mueven en un ambiente grato a la literatura del maestro. Uno es un personaje auténticamente real y contemporáneo, Giacomo Boni, el arqueólogo del Foro Romano, a quien más de una vez he encontrado en alguna aula o en algún claustro de Roma. El argumento de la novela es una plática erudita entre Giacomo Boni y sus contertulios. El coloquio evoca a Galión, gobernador de Grecia, filósofo y literato romano, que habiéndose encontrado con San Pablo, no supo entender su extraño lenguaje ni presentir la revolución cristiana. Toda su sabiduría, todo su talento fracasaban ante el intento, superior a sus fuerzas, de ver en San Pablo algo más que un judío fanático, absurdo y sucio. Dos mundos estuvieron en ese encuentro frente a frente sin conocerse y sin comprenderse. Galión, desdeñó a San Pablo como protagonista de la Historia; pero la Historia dio la razón al mundo de San Pablo y condenó el mundo de Galión. ¿No hay en este cuadro una anticipación de la nueva filosofía de la

Historia? Luego, los personajes de Anatole France se entretienen en una previsión de la futura sociedad proletaria. Calculan que la revolución llegará hacia el fin de nuestro siglo.

La previsión ha resultado modesta y tímida. A Giacomo Boni y a Anatole France les ha tocado asistir, en el tramonto dorado de su vida, al orto sangriento de la revolución.

LA REVISION DE LA OBRA DE ANATOLE FRANCE

En los funerales de Anatole France, todos los estratos sociales y todos los sectores políticos quisieron estar representados. La derecha, el centro y la izquierda, saludaron la memoria del ilustre hombre de letras. Los sobrevivientes del pasado, los artesanos del presente y los precursores del porvenir coincidieron, casi unánimes, en este homenaje fúnebre. La vieja guardia del partido comunista francés escoltó por las calles de París los restos de Anatole France. Hubo pocas abstenciones. *Pravda*, órgano oficial de Rusia sovietista, declaró que en la persona de Anatole France la vieja cultura tendía la mano a la humanidad nueva.

Pero este casi armisticio que, en una época de aguda beligerancia, colocaba la figura de Anatole France por encima de la guerra de clases, no duró sino un segundo. Fue sólo la ilusión de un armisticio. Algunos intelectuales de extrema derecha y de extrema izquierda sintieron la necesidad de esclarecer y de liquidar el equívoco. La juventud comunista francesa negó su voto a la gloria del maestro muerto. En un número especial de *Clarté*, cuatro escritores *clartistas* definieron agresivamente la posición antifrancista de su grupo. Y, por su parte, los representantes ortodoxos de la ideología reaccionaria, católica y tradicionalista, separándose de Charles Maurras, rehusaron su acatamiento a Anatole France, a quien no podían perdonar, ni aún *in extremis*, el sentimiento anticristiano y anticlerical que constituye la trama espiritual de todo su arte. De esta revisión de la obra de Anatole France, únicamente las críticas de la extrema izquierda tienen verdadero interés histórico. Que la Aristocracia y el Medioevo excomulguen a Anatole France, por su paganismo y su nihilismo, no puede sorprender absolutamente a nadie. Anatole France no fue nunca un literato en olor de santidad católica y conservadora. Su filiación socialista situaba, normalmente, a France al lado del proletariado y de la revolución. France era comúnmente designado como un patriarca de los nuevos tiempos. La sola crítica nueva, la sola crítica iconoclasta que se formula contra su personalidad literaria es, por consiguiente, la que le discute y le cancela este título.

El documento más autorizado y característico de esta crítica es el panfleto de *Clarté*. Anatole France, como es notorio, dio su nombre y su adhesión al movimiento *clartista*. Suscribió con Henri Barbusse los primeros manifiestos de la Internacional del Pensamiento. Se enroló entre los defensores de la Revolución rusa. Se puso al flanco del comunismo francés. Su vejez, su fatiga, su gloria y su arterioesclerosis no le consintieron seguir a *Clarté* en su rápida trayectoria. *Clarté* marchaba aprisa, por una vía demasiado ruda, hacia la revolución. La culpa no era de Anatole France ni de *Clarté*. France pertenecía a una época que concluía; *Clarté* a una época que comenzaba. La historia, en suma, tenía que alejar a *Clarté* de Anatole France y de su obra.

La obra de France encuentra su más severo tribunal en el grupo de intelectuales organizado o bosquejado bajo su auspicio. Esta circunstancia confiere a la crítica de *Clarté* un valor singular.

Marcel Fourrier no cree que se pueda establecer una distinción entre France hombre de letras y France hombre político. *Clarté* no puede pronunciarse sobre una obra, cualquiera que esta obra sea, sin examinarla desde un punto de vista social, "Sobre este plano —escribe— y con pleno conocimiento de causa, nosotros repudiamos la obra de France. Estamos animados en esta revista por una preocupación demasiado viva de probidad intelectual para poder hablar diversamente a un público que aprecia la nuestra franqueza. La obra de France niega toda la ideología proletaria de la cual ha brotado la Revolución Rusa. Por su escepticismo superior y su retórica untuosa, France se halla singularmente emparentado a todo el linaje de socialistas burgueses". Luego estudia Fourrier los móviles y los estímulos de la conducta de France en dos capítulos sustantivos de la historia francesa: la cuestión Dreyfus y la gran guerra. En ambos instantes, France sostuvo la política de la «unión sagrada». Su gaseoso pacifismo capituló ante el mito de la guerra por la Democracia. A este pacifismo no tornó sino después de 1917 cuando Romain Rolland, Henri Barbusse y otros hombres habían suscitado ya una corriente pacifista.

El oportunismo mundano de Anatole France es acremente condenado por Jean Bernier. Con mordacidad y agudeza maltrata la estética del maestro, que "ajusta sus frases, combina sus proporciones y carda sus epítetos", perennemente fiel a un gusto mitad preciosista, mitad parnasiano. "El hombre, sus instintos y sus pasiones, sus amores y sus odios, sus sufrimientos y sus esfuerzos, todo esto resulta extraño a esta obra". Bernier se opone, con tanta vehemencia como Fourrier, a toda tentativa de anexar la literatura de Anatole France a la ideología de la revolución.

Otro de los escritores de *Clarté*, Edouard Berth, discípulo remarcable de Jorge Sorel, ve en Anatole France uno de los representantes típicos del fin de una cultura. Piensa que las dos familias espirituales, en que se ha dividido siempre la Francia burguesa, han tenido en Barres y en Anatole France sus últimos representantes. La cultura burguesa —dice— ha cantado en la obra de ambos escritores su canto del cisne. Observa Berth que nadie ama tanto al maestro como "ciertas mujeres, judías cerebrales, grandes burguesas *blasées*, a quienes el epicureísmo, aliado a un misticismo florido y perfumado y a un revolucionarismo distinguido, hace el efecto de una caricia inédita; y ciertos curas en quienes el catolicismo eso hijo del Renacimiento y de Horacio más que del Evangelio, prelados untuosos, finos humanistas y diplomáticos consumados de la corte romana".

Anatole France ha sido considerado siempre como un griego de las letras francesas. Contra este equívoco insurge George Michael, otro escritor, de *Clarté*, que desnuda la Grecia postiza de los humanistas franceses. La Grecia, que estos helenistas admiran y conocen, es la Grecia de la decadencia. Anatole France como todos ellos, se ha complacido y se ha deleitado en la evocación voluptuosa de la hora decadente, retórica, escéptica, crepuscular, de la civilización helénica.

Tales impresiones sobre el arte de Anatole France venían madurando, desde hace algún tiempo en la conciencia de los intelectuales nuevos. Ahora adquieren expresión y precisión. Pero, larvadas, bosquejadas, se difundían en la inteligencia y en el espíritu contemporáneo, especialmente en los sectores de vanguardia, desde el comienzo de la crisis post-bélica. A medida que esta crisis progresaba se sentía en una forma más categórica e intensa que Anatole France correspondía a un estado de ánimo liquidada por la guerra. Malgrado su adhesión a *Claridad* y a la Revolución rusa, Anatole France no Podía ser considerado como un artista o un pensador de la humanidad nueva. Esa adhesión expresaba, a lo sumo, lo que Anatole France quería ser; no lo que Anatole France era.

También de mi alma, como de otras, se borraba poco a poco la primera imagen de Anatole France. Hace tres meses, en un artículo escrito en ocasión de su muerte, no vacilé en clasificar a Anatole France como un literato *fin de siglo*. "Pertenece —dije— a la época indecisa, fatigada, de la decadencia burguesa".

Pienso, sin embargo, que la requisitoria de *Clarté* es, en algunos puntos, como todas las requisitorias, excesiva y extremada. En la obra de Anatole France es ciertamente, vano y absurdo buscar el espíritu de una humanidad nueva. Pero lo mismo se puede decir de toda la literatura de su tiempo. El arte revolucionario no precede a la Revolución. Alejandro Blok; cantor de las jornadas bolcheviques, fue antes de 1917 un literato de temperamento decadente y nihilista. Arte decadente también, hasta 1917, el de Mayaskowski. La literatura contemporánea no se puede librar de la enfermiza herencia que alimenta sus raíces. Es la literatura de una civilización que tramonta. La obra de Anatole France no ha podido ser una aurora. Ha sido, por eso, un crepúsculo.

MAXIMO GORKI Y RUSIA

Máximo Gorki es el novelista de los vagabundos, de los parias, de los miserables. Es el novelista de los bajos fondos, de la mala vida y del hambre. La obra de Gorki es una obra peculiar, espontánea, representativa de este siglo de la muchedumbre, del Cuarto Estado y de la revolución social. Muchos artistas contemporáneos extraen sus temas y sus tipos de los estratos plebeyos, de las capas inferiores: El alma y las pasiones burguesas son un tanto inactuales. Están demasiado exploradas. En el alma y las pasiones proletarias, en cambio, existen matices nuevos y líneas insólitas.

La plebe de las novelas y de los dramas de Gorki no es la plebe occidental. Pero es auténticamente la plebe rusa. Y Gorki no es sólo un narrador del romance ruso, sino también uno de sus protagonistas. No ha hecho la revolución rusa; pero la ha vivido. Ha sido uno de sus críticos, uno de sus cronistas y uno de sus actores.

Gorki no ha sido nunca bolchevique. A los intelectuales, a los artistas, les falta habitualmente la fe necesaria para enrolarse facciosa, disciplinada, sectariamente, en los rangos de un partido. Tienden a una actitud personal, distinguida y arbitraria ante la vida. Gorki, ondulante, inquieto, heterodoxo, no ha seguido rígidamente ningún programa y ninguna confesión política. En los primeros tiempos de la revolución dirigió un diario socialista revolucionario: la *Novaia Yzn*. Este diario acogió can desconfianza y enemistad al régimen sovietista. Tachó de teóricos y de utopistas a los bolcheviques. Gorka escribió que los bolcheviques efectuaban un experimento útil a la humanidad, mortal para Rusia. Pero la raíz de su resistencia era más recóndita, más íntima, más espiritual. Era un estado de ánimo, un estado de erección contrarrevolucionaria común a la mayoría de los intelectuales. La revolución los trataba y vigilaba como a enemigos latentes. Y ellos se malhumoraban de que la revolución, tan bulliciosa, tan torrentosa, tan explosiva, turbase descortésmente sus sueños, sus investigaciones y su discursos. Algunos persistieron en este estado de ánimo. Otros se contagiaron, se inflamaron de fe revolucionaria. Gorki, por ejemplo, no tardó en aproximarse a la revolución. Los Soviets le encargaron la organización, y el rectorado de la casa de los intelectuales. Esta casa, destinada a salvar la cultura rusa de la marea revolucionaria, albergó, alimentó y proveyó de elementos de estudio y de trabajo á los hombres de ciencia y a los hombres de letras de Rusia. Gorki, entregado a la protección de los sabios y los artistas rusas, se convirtió así en uno de los colaboradores sustantivos del Comisario de Instrucción Pública Lunatcharsky.

Vinieron los días de la sequía y de la escasez en la región del Volga. Una cosecha frustrada empobreció totalmente, de improviso, a varias provincias rusas, debilitadas y extenuadas ya por largos años de guerra y de bloqueo. Muchos millones de hombres quedaron sin pan para el invierno. Gorky sintió que su deber era conmover y emocionar a la humanidad con esta tragedia inmensa. Solicitó la colaboración de Anatole Franca, de Gerardo Hauptmann, de Bernard Shaw y de otros grandes artistas. Y salió de Rusia, más lejana y más extranjera entonces que nunca, para hablar a Europa de cerca. Pero no era ya el vigoroso vagabundo, el recio nómade de otros tiempos. Su vieja tuberculosis lo asaltó en el camino. Y lo obligó a detenerse en Alemania y a asilarse en un sanatorio. Un gran europeo, el sabio y explorador Nansen, recorrió Europa demandando auxilios para las provincias famélicas. Nansen habló en Londres, en París, en Roma. Dijo, bajo la garantía de su palabra insospechable y apolítica, que no se trataba de una responsabilidad, del comunismo sino de un flagelo, de un cataclismo, de un infortunio. Rusia, bloqueada y aislada, no podía salvar a todos sus hambrientos. No había tiempo que perder. El invierno se acercaba No socorrer inmediatamente a los hambrientos era abandonarlos a la muerte. Muchos, espíritus generosos respondieron; a este llamamiento. Las masas obreras dieron su óbolo. Mas el instante no era propicio para la caridad y la filantropía. El ambiente occidental estaba demasiado cargado de rencor y de enojo contra Rusia. La gran prensa europea acordó la campaña de Nansen un favor desganado. Los estados europeos, insensibilizados, envenenados por la pasión, no se consternaron ante la desgracia rusa. Los socorros no fueron proporcionados a la magnitud de ésta. Varios millones de hombres se salvaron; pero otros varios millones perecieron. Gorky, afligido por esta tragedia, anatematizó la crueldad de Europa y profetizó el fin de la civilización europea. El mundo —dijo— acaba de constatar un debilitamiento de la sensibilidad moral de Europa: Ese debilitamiento es un síntoma de la decadencia y degeneración del mundo occidental. La civilización europea no era únicamente respetable por su, riqueza técnica y material sirio también por su riqueza moral. Ambas fuerzas le habían conferido autoridad y prestigio ante el Oriente. Venidas a menos, nada defiende a la civilización europea de los asaltos de la barbarie.

Gorki escucha una interna voz subconsciente que le anuncia la ruina de Europa. Esta misma voz le señala al campesino como a un enemigo implacable y fatal de la revolución rusa. La revolución rusa es una obra del proletariado urbano y de la ideología socialista, esencialmente urbana también. Los campesinos han sostenido a la revolución porque ésta les ha dado, la posesión de la tierra. Pero otros capítulos de su programa no son igualmente inteligibles para la mentalidad y el interés agrarios. Gorki desespera de que la psicología egoísta y sórdida del campesino llegue a asimilarse a la ideología del obrero urbano. La ciudad es la sede, es el hogar de la civilización y de sus creaciones. La ciudad es la civilización misma. La psicología del hombre de la ciudad es más altruista y más desinteresada que la psicología del hombre de campo. Esto se observa no sólo en la masa campesina sino también en la aristocracia campesina: El temperamento del latifundista agrario es mucho menos elástico, menos ágil y menos comprensivo que el del latifundista industrial. Los magnates del campo están siempre en la extrema derecha; los magnates de la banca y de la industria prefieren una posición centrista y tienden al pacto y al compromiso con la revolución. La ciudad adapta al hombre al colectivismo; el campo estimula bravíamente su individualismo. Y por esto, la última batalla entre el individualismo y el socialismo se librará, tal vez, entre la ciudad y el campo.

Varios estadistas europeos comparten, implícitamente, esta preocupación de Gorki. Caillaux, verbigracia, mira con inquietud y aprensión la tendencia de los campesinos de la Europa Central a independizarse del industrialismo urbano. Resurge en Hungría la pequeña industria rural. El campesino vuelve a hilar su lana y a forjar su herramienta. Intenta renacer una economía medioeval, una economía primitiva. La intuición, la visión de Gorki coincide con la constatación, con la verificación del hombre de ciencia. Yo he hablado con Gorki de esta y otras cosas en diciembre de 1922 en el Neue Sanatorium de Saarow Ost. Su alojamiento estaba clausurado a todas las visitas extrañas, a todas las visitas insólitas. Pero María Feodorowna, la mujer de Gorki, me franqueó sus puertas. Gorki no habla sino ruso. María Feodorowna habla alemán, francés, inglés, italiano.

En ese tiempo Gorki escribía el tercer tomo de su autobiografía. Y comenzaba un libro sobre hombres rusos.

—¿Hombres rusos?

—Si; hombres que yo he visto en Rusia; hombres que he conocido; no hombres célebres, sino hombres interesantes.

Interrogué a Gorki acerca de sus relaciones con el bolchevismo. Algunos periódicos pretendían que Gorki andaba divorciado de sus líderes. Gorki me desmintió esta noticia. Tenía la intención de volver pronto a Rusia. Sus relaciones con los Soviets eran buenas, eran normales.

Hay en Gorki algo de viejo vagabundo, algo de viejo peregrino Sus ojos agudos, sus manos rústicas, su estatura un poco encorvada, sus bigotes tártaros. Gorki no es físicamente un hombre metropolitano; es, más bien, un hombre rural y campesino. Pero no tiene un alma patriarcal y asiática como Tolstoy. Tolstoy predicaba un comunismo campesino y cristiano. Gorki admira, ama y respeta las maquinas, la técnica, la ciencia occidentales, todas las cosas que repugnaban al misticismo de Tolstoy. Este eslavo, éste vagabundo es, abstrusa y subconscientemente, un devoto, un fautor, un enamorado del Occidente y de su civilización.

Y, bajo los tilos de Saarow Ost, a donde no llegaban los rumores de la revolución comunista ni los alalás de la reacción fascista, sus ojos enfermos y videntes de alucinado veían con angustia aproximarse el tramonto y la muerte de una civilización maravillosa.

ALEJANDRO BLOK

En 1917 el Occidente ignoraba todavía al mayor poeta ruso del siglo XX. La revolución comunista se lo reveló. Los poemas inspirados a Blok por la revolución —*Los Escitas* y *Los Doce*— fueron los primeros poemas suyos traducidos y difundidos en varias lenguas occidentales. La celebridad de Blok empezó con estos poemas. Los públicos occidentales de 1920 se interesaban más por el bolchevique que por el poeta. Y Blok, en verdad, no era bolchevique. Sobre todo, no lo había sido nunca antes de 1918. En cambio era, y había sido siempre, un poeta. Una curiosidad y una inquietud, comunes a todos los intelectuales y a todos los artistas rusos de su tiempo, lo habían acercado a grupos y revistas que se ocupaban de temas sociales y políticos. Pero su psicología y su temperamento no le habían consentido sentir, apasionada y exaltadamente, la política y sus problemas. Su pensamiento político era oscuro y confuso. Blok daba a veces la impresión de razonar reaccionariamente. En los últimos años perteneció a la izquierda del partido socialista revolucionario. No militó nunca en el partido bolchevique. Poeta simbolista, su arte se nutrió, antes de la revolución, de nostalgias aristocráticas.

Su más intensa vida intelectual y artística trascurrió entre dos fechas culminantes de la historia de este siglo: 1905 y 1917. Estas dos fechas encierran el período en el cual se incubó la revolución bolchevique. El fracaso de la revolución de 1905 creó en Rusia una atmósfera sentimental de pesimismo y de desesperanza. La literatura rusa de ese tiempo es trágicamente nihilista y negativa. Es la literatura de una derrota. Se clasifica como uno de los documentos de esa crisis del alma rusa una novela de Arzibachev: *Sanin*. Esta y otras novelas de Arzibachev, *El Extremo Límite*, por ejemplo, reflejan un humor enfermo y neurótico. Pasan por sus escenas sombras de dolientes suicidas. Y en este mundo abúlico y alcohólico, discurre insolente y befardo, un personaje cínico y sensual que se propone vivir super-humanamente. Crisis de individualismo y de pesimismo disolventes y corrosivos. Andreiev y sus agonistas son también un producto de esta neurastenia.

Blok, principalmente, se parecía a uno de esos personajes atormentados, místicos y débiles de *Sanin*. Tal es, por lo menos, el retrato que de él nos han ofrecido, después de su muerte, algunos contemporáneos suyos. Z. Hippius, que trató a Blok entre 1901 y 1918, nos cuenta algunos capítulos de su romance. Blok, en el croquis de la Hippius, es un gran *enfant* hiperestésico, bueno, un poco triste, preocupado por todo lo indecible, desprovisto de voluntad y de impulso. La Hippius presiente en él, desde los primeros encuentros, un hombre dulcemente trágico. Su vida se anuncia gris, pálida, estéril. Y Blok acepta este destino sin rebeldía y sin protesta. Una de las características de su psicología parece ser, según el relato de la Hippius, la no defensa. El matrimonio, la filosofía, el alcohol y, un poco la política, se combinan, más tarde, en su destino. Hay un instante, sin embargo, en que la vida y el alma de Alejandro Blok se iluminan súbitamente. Es el instante en que su esposa le da un hijo. Su existencia adquiere entonces una pulsación nueva. Cesa, por un momento, de ser una existencia sin objeto y sin esperanza. Pero el niño nace condenado a muerte. Y muere a los diez días de su nacimiento. El destino del poeta vuelve a ensombrecerse. Blok parte para un viaje. El viaje es para su tristeza un alcohol nuevo. Blok se embriaga, se abandona, se fastidia. Retorna a Petrogrado más lunático y más taciturno que antes. Llegan los tiempos de la guerra. Viene, después, la revolución. Y, por segunda vez, Blok descubre una estrella. La Hippius, contrarrevolucionaria acérrima y rencorosa, nos dice que en esos días Blok hablaba como en los días del nacimiento de su hijo. La revolución era otra cosa que nacía en su vida y, acaso, en parte de su vida. El dormido *elan* vital de Blok despertó para ordenar al poeta que se entregase íntegro a la revolución. Fue por este camino que Alejandro Blok, poeta simbolista, de espíritu y estirpe aristocráticos, se sumó al bolchevismo. La pobre Hippius llama a esta repentina, imperiosa e irresistible inspiración, "su caída". Su "profunda y dolorosa caída" escribe la Hippius, con una compasión conmovedoramente sincera y estúpida.

Los días más exaltados, más febriles, más intensos de la vida y la poesía de Alejandro Blok fueron, sin duda, los de la revolución. Pero para el poeta de *Los Doce* y de *Los Escitas* este acontecimiento arribó demasiado tarde. Blok no podía ya rehacer su vida. La revolución reclamaba esfuerzos heroicos. Blok sintió muy pronto que en este esfuerzo, en esta tensión, se rompían su alma y su cuerpo exhaustos. En la llama devoradora de la revolución se quedó la última brizna de su voluntad. Blok murió en 1921, deshecho, quebrado, vencido por el postrer esfuerzo.

Máximo Gorki ha escrito últimamente su recuerdo de Blok. Este recuerdo está casi totalmente ocupado por un diálogo de Gorki y Blok en un jardín de Petrogrado. Diálogo en el cual Blok se mostró, como siempre, torturado, obsesionado por su afán de discutir y comprender el sentido de la vida, de la muerte, del amor. Gorki interrogado, respondió que estos eran pensamientos íntimos que él guardaba para sí. "Hablar de mí mismo es un arte sutil que yo no poseo". Blok se exasperó: "Usted esconde lo que usted piensa del espíritu de la verdad. ¿Por qué?" Y, después de un rato de divagación neurasténica, tornó a interrogar a Gorki: "¿Qué piensa usted de la inmortalidad, de la posibilidad de la inmortalidad?" La respuesta metafísicamente materialista de Gorki le pareció un poco ininteligible y un poco humorística. Luego, barajó sombríamente algunas ideas penetrantes, pero inútiles para componer una concepción positiva de la vida. Y cayó en una desolación acerba. "¡Si nosotros pudiéramos cesar completamente de pensar aunque no fuese sino durante diez años! Extinguir este fuego engañador que nos atrae siempre más adentro en la noche del mundo y escuchar con nuestro corazón la armonía universal. El cerebro, el cerebro... Es un órgano poco seguro, monstruosamente grande, monstruosamente desarrollado. Hinchado como un bocio". Blok se planteaba a sí mismo incesantemente todas, las cuestiones. Una de las que más le preocupaba, en los últimos tiempos; era la de la posición y el deber de los, intelectuales frente a la revolución social. Blok sabía y sentía cuál era el mal de los intelectuales. Reconocía en él su propio mal. Lo definía, lo diagnosticaba con una clarividencia trágica de alucinado. No ignoraba absolutamente nada de su debilidad y su impotencia. En uno de sus ensayos, revelados al Occidente después de su muerte, explica así su tragedia: "La línea que separa a los intelectuales del pueblo de Rusia, ¿es verdaderamente una línea infranqueable? En tanto que subsista esta barreta los intelectuales están condenados a errar, a agitarse vanamente, a degenerar n círculo sin salida. La inteligencia no tiene, ninguna razón de renegarse a sí misma mientras, no crea que pueda haber en esta actitud una directa necesidad vital. No solamente le es imposible renegarse. Sino que puede confirmar todas sus flaquezas, basta la flaqueza del suicidio. ¿Qué replicaré yo a un hombre á quien conduce al suicidio las exigencias de su individualismo, de su demonismo, de su estética o, en fin, la muy corriente inducción de la desesperanza y de la angustia? ¿Qué objetaré, si yo mismo amo la estética, el individualismo y la desesperanza; si yo mismo, como él, soy un intelectual? ¿Si no hay en mí nada que yo pueda amar más que esta predilección amorosa del individualismo, más que mi angustia que acompaña siempre, como una sombra, esta predilección?" Y precisa Blok en el mismo ensayo, el contraste entre el alma del intelectual y el alma de las masas: "Si los intelectuales se impregnan cada día más de la voluntad de muerte, el pueblo desde tiempos lejanos porta en sí, la voluntad de vida. Se comprende, pues, por qué aún el incrédulo se dirija a veces hacia el pueblo pidiéndole la fuerza de vivir: obra simplemente por instinto de conservación, pero encuentra el silencio, el desprecio, una indulgente piedad: es detenido ante la línea inaccesible; se rompe tal vez contra algo más terrible que lo que podía prever". El poeta de *Los Doce* y de *Los Escitas* quiso, en estos poemas, ser el poeta de la revolución rusa. No fue su culpa si no pudo serlo por mucho tiempo. Su alma había absorbido, en treintiocho años, todos los venenos de una época de decadencia. Y su conciencia, lúcida y sensible, se sentía irremediablemente envenenada.

Pero su destino quiso que su poesía saludara el alba de la época nueva. El poeta tuvo, al final de su existencia, un instante de exaltación y de plenitud. Después, se irguió ante él la barrera infranqueable. Las manos transidas de Blok, torcían ya, tal vez, la cuerda del suicidio, cuando arribó sola la muerte.

GEORGE GROSZ

George Grosz, reputado como uno de los mayores dibujantes de Alemania, desconcierta con su agresividad a los públicos europeos. Merece ser presentado como el autor de la más vehemente requisitoria que, en los últimos tiempos, se haya pronunciado contra la vieja Alemania.

Grosz ha hecho el retrato más genial y más crudo de la burguesía tudesca. Sus dibujos desnudan el alma de los *junckers*, los banqueros, los rentistas etc. De toda la adiposa y ventruda gente a la cual el pobrediablismo de otros artistas respeta y saluda servilmente como a una élite. Grosz define, mejor que ningún artista, mejor que ningún literato, mejor que ningún psiquiatra, los tipos en quienes se concreta la decadencia espiritual, la miseria psíquica de una casta agotada y decrépita. Es un psicólogo. Es un psicoanalista.

La psicología de sus personajes acusa constantemente una baja sensualidad. El lápiz de Grosz estudia todos los estados y todos los gestos de su libídine. Libídine de dinero y libídine carnal. En la atmósfera de sus restaurants, de sus casinos, de sus cabarets, flota un relente de sensualidad exasperada. El repleto *schieber*, delante de la mesa donde ha cenado en la grata compañía de una amiga pingüe, degusta su champaña con un regüeldo de digestión obscena.

No es George Grosz, sin embargo, un caricaturista. Su arte no es bufo. Ante uno de sus dibujos, no es el caso de hablar de caricatura. George Grosz no deforma, cómicamente, la naturaleza. La interpreta, la desviste, con una terrible fuerza para poseer y revelar su íntima verdad. Pertenece este artista a la categoría de Goya. Es un Goya explosivo. Un Goya moderno. Un Goya revolucionario. En esta época se le podría clasificar teóricamente dentro del superrealismo. René Arcos, a propósito de esta clasificación, escribe que para designar su tendencia la palabra realismo le parece ampliamente suficiente. "Si algunos han creído que este vocablo merecía pasar al retiro —opina— es porque no ha encontrado todavía servidores dignos de él. Nadie pensará siquiera sostener que los artistas y escritores de la época naturalista no se han contado entre los menos realistas. Todos casi se han detenido en la apariencia exterior de los seres y de las cosas. El realismo se encuentra aún en sus comienzos. Me refiero al realismo interior, al intra-realismo, si esta palabra no asusta".

Superrealista o realista, George Grosz es un artista del más alto rango. Su dibujo, de una simplicidad infantil, es, al mismo tiempo, de una fuerza de expresión que parece superar todas las posibilidades. Cuenta Grosz que la manera de los niños lo sedujo siempre. En este rasgo de su arte se reconoce y se identifica uno de los sentimientos que lo emparientan con el expresionismo y, en general, con las escuelas del arte ultra-moderno.

Piensa Grosz que un impulso revolucionario mueve al verdadero artista. El verdadero artista trabaja sin preocuparse del gusto y del consenso de su época. Le importa poco estar de acuerdo con sus contemporáneos. Lo que le importa es estar de acuerdo consigo mismo. Obedece á su inspiración individual. Produce para el porvenir. Deja su obra al fallo de las generaciones futuras. Sabe que la humanidad cambiará. Se siente destinado a contribuir con su obra a este cambio.

En sus primeros tiempos, Grosz se entregó, como otros artistas nacidos bajo el mismo signo, a un escéptico y desesperado individualismo. Se encastilló en una enfermiza superestimación del arte. Sufrió una crisis de aguda y acérrima misantropía. Los hombres, según su pesimista filosofía de entonces, se distinguían en dos especies: malvados e imbéciles. La guerra modificó totalmente su ególatra y huraña concepción de la vida y de la humanidad. "Muchos de mis camaradas —dice Grosz— acogían bien mis dibujos, compartían mis sentimientos. Esta constatación me produjo más placer que la recompensa de un *amateur* cualquiera de cuadros, que podía apreciar mi trabajo únicamente bajo el punto de vista especulativo. En esa época yo empecé a dibujar no sólo porque en esto encontraba una complacencia sino porque otros participaban de mi estado de espíritu. Comencé a ver que existía un fin mejor que el de trabajar para sí o para los comerciantes de cuadros".

El caso Grosz, desde este punto de vista, se semeja al caso Barbusse. Como Barbusse, Grosz procedía de una generación escéptica, individualista y negativa. La guerra le enseñó un camino nuevo. La guerra le reveló que los hombres que repudian y condenan el presente no están solos. En las trincheras, Grosz descubrió a la humanidad. Antes no había conocido sino a su sedicente elite; la costra muerta e inerme que flota sobre la superficie de las aguas inquietas y vivientes. "Hoy —declara Grosz— ya no odio a los hombres sin distinción; hoy, odio vuestras malas instituciones y sus defensores. Y si tengo una esperanza es la de ver desaparecer estas instituciones y la clase que las protege. Mi trabajo está al servicio de esta esperanza. Millones de hombres la comparten conmigo: millones de hombres que no son evidentemente *amateurs* de arte, ni mecenas, ni mercaderes de cuadros».

Este arte —del cual el público elegante y la crítica burguesa no perciben y admiran sino los elementos formales y exteriores, el humorismo, la técnica, la agresividad, la penetración— se alimenta de una emoción religiosa, de un sentimiento místico. La fuerza de expresión de Grosz nace de su fe, de su *pathos*. El escritor italiano Italo Tavolato constata, acertadamente, que la obra de Grosz se eleva a un dominio metafísico. "El burgués —dice— tal como lo entiende Grosz, equivale al pecador del mito cristiano, símbolo el uno y el otro de la imperfección orgánica, personificaciones irresponsables de los defectos de la creación, productos de una experiencia frustrada de la naturaleza. Y si, como lo quieren todas las religiones, el primero y el único deber del hombre es la perfección, es decir el genio, el burgués es en este caso aquel que no ha tenido el ánimo de conquistar un rango superior en la humanidad, que no ha sabido adueñarse de algunas partículas de la sustancia divina, que por el contrario se ha resignado y fosilizado a medio camino".

Es esto lo que diferencia a George Grosz de otros artistas de las escuelas de vanguardia. Es esto lo que da profundidad a su realismo. La mayor parte de los expresionistas, de los futuristas, de los cubistas, de los superrealistas, etc., se debaten en una búsqueda exasperada y estéril que los conduce a las más bizarras e inútiles aventuras. Su alma está vacía; su vida está desierta. Les falta un mito, un sentimiento, una mística, capaces de fecundar su obra y su inspiración. Les preocupa el instrumento; no les preocupa el fin. Una vez hallado, el instrumento no les sirve sino para inventar una nueva escuela. Grosz es un poco super-realista, un poco dadaísta, un poco futurista. Pero a ninguna de estas escuelas —en ninguna de las cuales su genio se deja encasillar— le debe los ingredientes espirituales, los elementos superiores de su arte.

MARINETTI Y EL FUTURISMO

El futurismo no es —como el cubismo, el expresionismo y el dadaísmo— únicamente una escuela o una tendencia de arte de vanguardia. Es, sobre todo, una cosa peculiar de la vida italiana. El futurismo no ha producido, como el cubismo, el expresionismo y el dadaísmo, un concepto o una forma definida o peculiar de creación artística. Ha adoptado, parcial o totalmente, conceptos o formas de movimientos afines. Más que un esfuerzo de edificación de un arte nuevo ha representado un esfuerzo de destrucción del arte viejo. Pero ha aspirado a ser no sólo un movimiento de renovación artística sino también un movimiento de renovación política. Ha intentado casi ser una filosofía. Y, en este aspecto, ha tenido raíces espirituales que se confunden o enlazan con las de otros fenómenos de la historia contemporánea de Italia.

Hace quince años del bautizo del futurismo. En febrero de 1909, Marinetti y otros artistas suscribieron y publicaron en París el primer manifiesto futurista. El futurismo aspiraba a ser un movimiento internacional. Nacía, por eso, en París. Pero estaba destinado a adquirir, poco a poco, una fisonomía y una esencia fundamentalmente italianas. Su *duce*, su animador, su caudillo, era un artista de temperamento italianísimo: Marinetti, ejemplar típico de latino, de italiano, de meridional. Marinetti recorrió casi toda Europa. Dio conferencias en París, en Londres, en Petrogrado. El futurismo, sin embargo, no llegó a aclimatarse duradera y vitalmente sino en Italia. Hubo un instante en que en los rangos del futurismo militaron los más sustanciosos artistas de la Italia actual: Papini, Govoni, Palazeschi, Folgore y otros. El futurismo era entonces un impetuoso y complejo afán de renovación.

Sus líderes quisieron que el futurismo se convirtiese en una doctrina, en un dogma. Los sucesivos manifiestos futuristas tendieron a definir esta doctrina, este dogma. En abril de 1909 apareció el famoso manifiesto contra el claro de luna. En abril de 1910 el manifiesto técnico de la pintura futurista, suscrito por Boccioni, Carrá, Russolo, Balla, Severini, y el manifiesto contra Venecia pasadista. En enero de 1911 el manifiesto de la mujer futurista por Valentine de Saint Point. En abril de 1912 el manifiesto de la escultura futurista por Boccioni. En mayo el manifiesto de la literatura futurista por Marinetti. En pintura, los futuristas plantearon esta cuestión: que el movimiento y la luz destruyen la materialidad de los cuerpos. En música, iniciaron la tendencia a interpretar el alma musical de las muchedumbres, de las fábricas, de los trenes, de los transatlánticos. En literatura, inventaron las *palabras en libertad*. Las *palabras en libertad* son una literatura sin sintaxis y sin coherencia. Marinetti la definió como una obra de «imaginación sin hilos».

En octubre de 1913 los futuristas pasaron del arte a la política. Publicaron un programa político que no era, como los programas anteriores, un programa internacional sino un programa italiano. Este programa propugnaba una política extranjera "agresiva, astuta, cínica". En el orden exterior, el futurismo se declaraba imperialista, conquistador, guerrero. Aspiraba a una anacrónica restauración de la Roma Imperial. En el orden interno, se declaraba antisocialista y anticlerical. Su programa, en suma, no era revolucionario sino reaccionario. No era futurista, sino pasadista. Concepción de literatos, se inspiraba sólo en razones estéticas.

Vinieron, luego, el manifiesto de la arquitectura futurista y el manifiesto del teatro sintético futurista. El futurismo completó así su programa ómnibus. No fue ya una tendencia sino un haz, un fajo de tendencias. Marinetti daba a todas estas tendencias un alma y una literatura comunes. Era Marinetti en esa época uno de los personajes más interesantes y originales del mundo occidental. Alguien lo llamó «la cafeína de Europa».

Marinetti fue en Italia uno de los más activos agentes bélicos. La literatura futurista aclamaba la guerra como la «única higiene del mundo». Los futuristas excitaron a Italia a la conquista de Tripolitania. Soldado de esa empresa bélica, Marinetti extrajo de ella varios motivos y ritmos para sus poemas y sus libros. *Mafarka*, por ejemplo, es una novela de ostensible y cálida inspiración africana. Más tarde, Marinetti y sus secuaces se contaron entre los mayores agitadores del ataque a Austria.

La guerra dio a los futuristas una ocupación adecuada a sus gustos y aptitudes La paz, en cambio, les fue hostil. Los sufrimientos de la guerra generaron una explosión de pacifismo. La tendencia imperialista y guerrera, decliné en Italia. El Partido Socialista y el Partido Católico ganaron las elecciones e influyeron acentuadamente en los rumbos del poder. Al mismo tiempo inmigraron a Italia nuevos conceptos y formal artísticas francesas, alemanas, rusas. El futurismo cesó de monopolizar el arte de vanguardia. Carrá y otros divulgaron en la revista *Valori plastici* las novísimas corrientes del arte ruso y del arte alemán. Evolá fundó en Roma una capilla dadaísta. La casa de arte Bragaglia y su revista *Cronache di Attualitá*, alojaron las más selectas expresiones del arte europeo de vanguardia. Marinetti, nerviosamente dinámico, no desapareció ni un minuto de la escena. Organizó con uno de sus tenientes, el poeta Cangiullo, una temporada de teatro futurista. Disertó en París y en Roma sobre el tactilismo. Y no olvidó la política. El bolchevismo era la novedad del instante. Marinetti escribió *Más allá del comunismo*. Sostuvo que la ideología futurista marchaba adelante de la ideología comunista. Y se adhirió al movimiento fascista.

El futurismo resulta uno de los ingredientes espirituales e históricos del fascismo. A propósito de D'Annunzio, dije que el fascismo es d'annunziano. El futurismo, a su vez, es una faz del d'annunzianismo. Mejor dicho, d'annunzianismo y marinettismo son aspectos solidarios del mismo fenómeno. Nada importa que D'Annunzio se presente como un enamorado de la forma clásica y Marinetti como su destructor. El temperamento de Marinetti es, como el temperamento de D'Annunzio, un temperamento pagano, estetista, aristocrático, individualista. El paganismo de D'Annunzio se exaspera y extrema en Marinetti. Marinetti ha sido en Italia uno de los mas sañudos adversarios del pensamiento cristiano. Arturo Labriola considera acertadamente a Marinetti como uno de los forjadores psicólogos del fascismo. Recuerda que Marinetti ha predicado a la juventud italiana el culto de la violencia, el desprecio de los sentimientos humanitarios, la adhesión a la guerra, etc.

Y el ambiente fascista, por eso, ha propiciado un retoñamiento del futurismo. La secta futurista se encuentra aun en plena actividad. Marinetti vuelve a sonar bulliciosamente en Italia con motivo de su libro sobre *Futurismo y Fascismo*. En un escrito de este libro, publicado ya en su revista *Noi*, reafirma su filiación nietzschana y romántica. Preconiza el advenimiento pagano de una Artecracia. Sueña con una Sociedad organizada y regida por artistas, en vez de esta sociedad organizada y regida por políticos. Opone a la idea colectivista de la Igualdad la idea individualista de la Desigualdad. Arremete contra la Justicia, la Fraternidad, la Democracia.

Pero políticamente el futurismo ha sido absorbido por el fascismo. Dos escritores futuristas, Settimelli y Carli, dirigen en Roma el diario *L'Impero*, extremistamente reaccionario y fascista. Settimelli dice en un artículo de *L'Impero* que "la monarquía absoluta es el régimen más perfecto". El futurismo ha renegado, sobre todo, sus antecedentes anticlericales e iconoclastas. Antes, el futurismo quería extirpar de Italia los museos y el Vaticano. Ahora, los compromisos del fascismo lo han hecho desistir de este anhelo. El Fascismo se ha mancomunado con la Monarquía y con la Iglesia. Todas las fuerzas tradicionalistas, todas las fuerza del pasado, tienden necesaria e históricamente a confluir y juntarse. El futurismo se torna, así, paradójicamente pasadista. Bajo el gobierno de Mussolini y las camisas negras, su símbolo es el *fascio littorio* de la Roma Imperial.

La escena contemporánea: VI.- El mensaje de Oriente

VI.- El mensaje de Oriente

La escena contemporánea   José Carlos Mariátegui

ORIENTE Y OCCIDENTE

La marea revolucionaria no conmueve sólo al Occidente. También el Oriente está agitado, inquieto, tempestuoso. Uno de los hechos más actuales y trascendentes de la historia contemporánea es la transformación política y social del Oriente. Este período de agitación y de gravidez orientales coincide con un período de insólito y recíproco afán del Oriente y del Occidente por conocerse, por estudiarse, por comprenderse.

En su vanidosa juventud la civilización occidental trató desdeñosa y altaneramente a los pueblos orientales. El hombre blanco consideró necesario, natural y lícito su dominio sobre el hombre de color. Usó las palabras oriental y bárbaro como dos palabras equivalentes. Pensó que únicamente lo que era occidental era civilizado. La exploración y la colonización del Oriente no fue nunca oficio de intelectuales, sino de comerciantes y de guerreros. Los occidentales desembarcaban en el Oriente sus mercaderías y sus ametralladoras, pero no sus órganos ni sus aptitudes de investigación, de interpretación y de captación espirituales. El Occidente se preocupó de consumar la conquista material del mundo oriental; pero no de intentar su conquista moral. Y así el mundo oriental conservó intactas su mentalidad y su psicología. Hasta hoy siguen frescas y vitales las raíces milenarias del islamismo y del budismo. El hindú viste todavía su viejo *khaddar*. El japonés, el más saturado de occidentalismo de los orientales, guarda algo de su esencia *samuray*.

Pero hoy que el Occidente, relativista y escéptico, descubre su propia decadencia y prevé su próximo tramonto, siente la necesidad de explorar y entender mejor el Oriente. Movidos por una curiosidad febril y nueva, los occidentales se internan apasionadamente en las costumbres, la historia y las religiones asiáticas. Miles de artistas y pensadores extraen del Oriente la trama y el color de su pensamiento y de su arte. Europa acopia ávidamente pinturas japonesas y esculturas chinas, colores persas y ritmos indostanos. Se embriaga del orientalismo que destilan el arte, la fantasía y las vidas rusas. Y confiesa casi un mórbido deseo de orientalizarse.

El Oriente, a su vez, resulta ahora impregnado de pensamiento occidental. La ideología europea se ha filtrado abundantemente en el alma oriental. Una vieja planta oriental, el despotismo, agoniza socavada por estas filtraciones. La China, republicanizada renuncia a su muralla tradicional. La idea de la democracia, envejecida en Europa, retoña en Asia y en Africa. La Diosa Libertad es la diosa más prestigiosa del mundo colonial, en estos tiempos en que Mussolini la declara renegada y abandonada por Europa. ("A la Diosa Libertad la mataron los demagogos", ha dicho el *condottiere* de los camisas negras). Los egipcios, los persas, los hindúes, los filipinos, los marroquíes, quieren ser libres.

Acontece, entre otras cosas, que Europa cosecha los frutos de su predicación del período bélico. Los aliados usaron durante la guerra, para soliviantar al mundo contra los austro-alemanes, un lenguaje demagógico y revolucionario. Proclamaron enfática y estruendosamente el derecho de todos los pueblos a la independencia. Presentaron la guerra contra Alemania como una cruzada por la democracia. Propugnaron un nuevo Derecho Internacional. Esta propaganda emocionó profundamente a los pueblos coloniales. Y terminada la guerra, estos pueblos coloniales anunciaron, en el nombre de la doctrina europea, su voluntad de emanciparse.

Penetra en el Asia, importada por el capital europeo, la doctrina de Marx. El socialismo que, en un principio, no fue sino un fenómeno de la civilización occidental, extiende actualmente su radio histórico y geográfico. Las primeras Internacionales obreras fueron únicamente instituciones occidentales. En la Primera y en la Segunda Internacionales no estuvieron representados sino los proletarios de Europa y de América. Al Congreso de fundación de la Tercera Internacional en 1920 asistieron, en cambio, delegados del Partido Obrero Chino y de la Unión, Obrera Coreana. En los siguientes congresos han tomado parte diputaciones persas, turquestanas, armenias. En agosto de 1920 se efectuó en Bakú, apadrinada y provocada por la Tercera Internacional, una conferencia revolucionaria de los pueblos orientales. Veinticuatro pueblos orientales concurrieron a esa conferencia. Algunos socialistas europeos, Hilferding entre ellos, reprocharon a los bolcheviques sus inteligencias con movimientos de estructura nacionalista. Zinoviev, polemizando con Hilferding, respondió: "Una revolución mundial no es posible sin Asia. Vive allí una cantidad de hombres cuatro veces mayor que en Europa. Europa es una pequeña parte del mundo". La revolución social necesita históricamente la insurrección de los pueblos coloniales. La sociedad capitalista tiende a restaurarse mediante una explotación más metódica y más intensa de sus colonias políticas y económicas: Y la revolución social tiene que soliviantar a los pueblos coloniales contra Europa y Estados Unidos, para reducir el número de vasallos y tributarios de la sociedad capitalista.

Contra la dominación europea sobre Asia y África conspira también la nueva conciencia moral de Europa. Existen actualmente en Europa muchos millones de hombres de filiación pacifista que se oponen a todo acto bélico, a todo acto cruento, contra los pueblos coloniales. Consiguientemente, Europa se ve obligada a pactar, a negociar, a ceder ante esos pueblos. El caso turco es, a este respecto, muy ilustrativo.

En el Oriente aparece, pues, una vigorosa voluntad de independencia, al mismo tiempo que en Europa se debilita la capacidad de coactarla y sofocarla. Se constata, en suma, la existencia de las condiciones históricas necesarias para la liberación oriental. Hace más de un siglo, vino de Europa a estos pueblos de América una ideología revolucionaria. Y conflagrada por su revolución burguesa, Europa no pudo evitar la independización americana engendrada por esa ideología. Igualmente ahora, Europa, minada por la revolución social, no puede reprimir marcialmente la insurrección de sus colonias.

Y, en esta hora grave y fecunda de la historia humana, párete qué algo del alma oriental transmigrara al Occidente y que algo del alma occidental transmigrara al Oriente.

GANDHI

Este hombre dulce y piadoso es uno de los mayores personajes de la historia contemporánea. Su pensamiento no influye sólo sobre trescientos veinte millones de hindúes. Conmueve toda el Asia y repercute en Europa. Romain Rolland, que descontento del Occidente se vuelve hacia el Oriente, le ha consagrado un libro. La prensa europea explora con curiosidad la biografía y el escenario del apóstol.

El principal capítulo de la vida de Gandhi empieza en 1919. La post-guerra colocó a Gandhi a la cabeza del movimiento de emancipación de su pueblo. Hasta entonces Gandhi sirvió fielmente a la Gran Bretaña. Durante la guerra colaboró con los ingleses. La India dio a la causa aliada una importante contribución. Inglaterra se había comprometido a concederle los derechos, de los demás «Dominios». Terminada la contienda, Inglaterra olvidó su palabra y el principio wilsoniano de la libre determinación de los pueblos. Reformó superficialmente la administración de la India, en la cual acordó al pueblo hindú una participación secundaria e inocua. Respondió a las quejas hindúes con una represión marcial y cruenta. Ante este tratamiento pérfido, Gandhi rectificó su actitud y abandonó sus ilusiones. La India insurgía contra la Gran Bretaña y reclamaba su autonomía, La muerte de Tilak había puesto la dirección del movimiento nacionalista en las manos de Gandhi, que ejercía sobre su pueblo un gran ascendiente religioso. Gandhi aceptó la obligación de acaudillar a sus compatriotas y los condujo a la no cooperación: La insurrección armada le repugnaba. Los medios debían ser, a su juicio, buenos y morales como los fines. Había que oponer a las armas británicas la resistencia del espíritu y del amor. La evangélica palabra de Gandhi inflamó de misticismo y de fervor el alma indostana. El Mahatma acentuó, gradualmente, su método. Los hindúes fueron invitados a desertar de las escuelas y las universidades, la administración y los tribunales, a tejer con sus manos su traje *khaddar*, a rechazar las manufacturas británicas. La India gandhiana tornó, poéticamente, a la "música de la rueca". Los tejidos ingleses fueron quemados en Bombay como cosa maldita y satánica. La táctica de la no cooperación se encaminaba a sus últimas consecuencias: la desobediencia civil, el rehusamiento del pago de impuestos. La India parecía próxima a la rebelión definitiva. Se produjeron algunas violencias. Gandhi, Indignado por esta falta, suspendió la orden de la desobediencia civil y, místicamente, se entregó a la penitencia. Su pueblo no estaba aún educado para el uso de la *satyagraha, la fuerza-amor, la fuerza-alma. Los hindúes obedecieron a su jefe. Pero esta retirada, ordenada en el instante de mayor tensión y mayor ardimiento, debilitó la ola revolucionaria. El movimiento se consumía y se gastaba sin combatir. Hubo algunas defecciones y algunas disensiones. La prisión y el procesamiento de Gandhi vinieron a tiempo. El Mahatma dejó la dirección del movimiento antes de que éste declinase.*

El Congreso Nacional indio de diciembre de 1923 marcó un descenso del gandhismo. Prevaleció en esta asamblea la tendencia revolucionaria de la no cooperación; pero se le enfrentó una tendencia derechista o revisionista que, contrariamente a la táctica gandhista, propugnaba la participación en los consejos de reforma, creados por Inglaterra para domesticar a la burguesía hindú. Al mismo tiempo apareció en la asamblea, emancipada del gandhismo, una nueva corriente revolucionaria de inspiración socialista. El programa de esta corriente, dirigido desde Europa por los núcleos de estudiantes y emigrados hindúes, proponía la separación completa de la India del Imperio Británico, la abolición de la propiedad feudal de la tierra, la supresión de los impuestos indirectos, la nacionalización de las minas, ferrocarriles, telégrafos y demás servicios públicos, la intervención del Estado en la gestión de la gran industria, una moderna legislación del trabajo, etc, etc. Posteriormente, la escisión continuó ahondándose. Las dos grandes facciones mostraban un contenido y una fisonomía clasistas. La tendencia revolucionaria era seguida por el proletariado que, durante explotado sin el amparo de leyes protectoras, sufría más la dominación inglesa. Los pobres, los humildes eran fieles a Gandhi y a la revolución. El proletariado industrial se organizaba en sindicatos en Bombay y otras ciudades indostanas. La tendencia de derecha, en cambio, alojaba a las castas ricas, a los *parsis*, comerciantes, latifundistas.

El método de la no cooperación, saboteado por la aristocracia y la burguesía hindúes, contrariado por la realidad económica, decayó así, poco a poco. El *boycot* de los tejidos ingleses y el retorno a la lírica rueca no pudieron prosperar. La industria manual era incapaz de concurrir con la industria mecánica. El pueblo hindú, además, tenía interés en no resentir al proletariado inglés, aumentando las causas de su desocupación, con la pérdida de un gran mercado. No podía olvidar que la causa de la India necesita del apoyo del partido obrero de Inglaterra. De otro lado, los funcionarios dimisionarios volvieron, en gran parte, a sus puestos. Se relajaron, en suma, todas las formas de la no cooperación.

Cuando el gobierno laborista de Mac Donald lo amnistió y libertó, Gandhi encontró fraccionado y disminuido el movimiento nacionalista hindú. Poco tiempo antes, la mayoría del Congreso Nacional, reunido extraordinariamente en Delhi en setiembre de 1923, se había declarado favorable al partido Swaraj, dirigido por C. R. Das, cuyo programa se conforma con reclamar para la India los derechos de los «Dominios» británicos, y se preocupa de obtener para el capitalismo hindú sólidas y seguras garantías.

Actualmente Gandhi no dirige ni controla ya las orientaciones políticas de la mayor arte del nacionalismo hindú. Ni la derecha, que desea la colaboración con los ingleses, ni la extrema izquierda, que, aconseja la insurrección, lo obedecen. El número de sus fautores ha descendido. Pero, si su autoridad de líder politicona decaído, su prestigio de asceta y de santo no ha cesado de extenderse. Cuenta un Periodista, cómo al retiro del Mahatma afluyen peregrinos de diversas razas y comarcas asiáticas Gandhi recibo, sin ceremonias y sin protocolo, a todo el que llama a su puerta. Alrededor de su morada, viven centenares de hindúes felices de sentirse junto a él.

Esta es la gravitación natural de la vida del Mahatma. Su obra es más religiosa y moral que política. En su diálogo con Rabindranath Tagore, el Mahatma ha declarado su intención de introducir la religión en la política. La teoría de la no cooperación está saturada de preocupaciones éticas. Gandhi no es verdaderamente, el caudillo de la libertad de la India, sino el apóstol de un movimiento religioso. La autonomía de la India no le interesa, no le apasiona, sino secundariamente. No siente, ninguna prisa por llegar a ella. Quiere, ante todo, purificar y elevar el alma hindú. Aunque su mentalidad está nutrida, en parte, de cultura europea, el Mahatma repudia la civilización de Occidente, Le repugna su materialismo, su impureza, su sensualidad. Como Ruskin y como Tolstoy, a quienes ha leído y a quienes ama, detesta la máquina. La máquina es para él el símbolo de la «satánica» civilización occidental. No quiere, por ende, que el maquinismo y su influencia se aclimaten en la India. Comprende que la máquina es el agente y el motor de las ideas occidentales. Cree que la psicología indostana no es adecuada a una educación europea; pero osa esperar que la India, recogida en sí misma, elabore una moral, buena Pera el uso de los demás pueblos. Hindú hasta la médula, piensa que la India puede dictar al mundo su propia disciplina. Sus fines y su actividad, cuando persiguen la fraternización de hinduistas y mahometanos o la redención de los intocables, de los parias, tienen una vasta trascendencia política y social. Pero su inspiración, es esencialmente religiosa.

Gandhi se clasifica como un idealista práctico. Henri Barbusse lo reconoce, además, como un verdadero revolucionario. Dice, en seguida, que "este término designa en nuestro espíritu a quién, habiendo concebido, en oposición al orden político y social establecido, un orden diferente, se consagra a la realización de este plan ideal por medios prácticos" y agrega que "el utopista no es un verdadero revolucionario por subversivas que sean sus sinrazones". La definición es excelente. Pero Barbusse cree, además, que, "si Lenin se hubiese encontrado, en lugar de "Gandhi, hubiera hablado y obrado cómo él. Y ésta hipótesis es arbitraria. Lenin era un realizador y un realista. Era, indiscutiblemente, un idealista práctico. No está probado que la vía de la no cooperación y la no violencia sea las únicas vías de la emancipación indostana. Tilak, el anterior líder del nacionalismo hindú, no habría desdeñado el método insurreccional. Romain Rolland opina que Tilak, cuyo genio enaltece, habría podido entenderse con los revolucionarios rusos. Tilak, sin embargo, no era menos asiático ni menos hindú que Gandhi. Más fundada que la hipótesis de Barbusse es la hipótesis opuesta, la de que, Lenin habría trabajado por aprovechar la guerra y sus consecuencias para liberar a la India y no habría detenido, en ningún caso, a los hindúes en el camino de la insurrección. Gandhi, dominado por su temperamento moralista, no ha sentido a veces la misma necesidad de libertad que sentía su pueblo. Su fuerza, en tanto, ha dependido, más que de su predicación religiosa, de que ésta ha ofrecido a los hindúes una solución para su esclavitud y para su hambre.

La teoría de la no cooperación contenía muchas ilusiones. Una de ellas era la ilusión medioeval de revivir en la India una economía superada. La rueca es impotente para resolver la cuestión social de ningún pueblo. El argumento de Gandhi —"¿no ha vivido así antes la India?"— es un argumento demasiado antihistórico e ingenuo. Por escéptica y desconfiada que sea su actitud ante el Progreso, un hombre moderno rechaza instintivamente la idea de que se pueda volver atrás. Una vez adquirida la máquina, es difícil que la humanidad renuncie a emplearla. Nada puede contener la filtración de la civilización occidental en la India. Tagore tiene plena razón en este incidente de su polémica con Gandhi. "El problema de hoy es mundial. Ningún pueblo puede buscar su salud separándose de los otros. O salvarse juntos o desaparecer juntos".

Las requisitorias contra el materialismo occidental son exageradas. El hombre del Occidente no es tan prosaico y cerril como algunos espíritus contemplativos y extáticos suponen. El socialismo y el sindicalismo, a pesar de su concepción materialista de la historia, son menos materialistas de lo que parecen. Se apoyan sobre el interés de la mayoría, pero tienden a ennoblecer y dignificar la vida. Los occidentales son místicos y religiosos a su modo. ¿Acaso la emoción revolucionaria no es una emoción religiosa? Acontece en el occidente que la religiosidad se ha desplazado del cielo a la tierra. Sus motivos son humanos, son sociales; no son divinos. Pertenecen a la vida terrena y no a la vida celeste.

La ex-confesión de la violencia es más romántica que la violencia misma. Con armas solamente morales jamás constreñirá la India a la burguesía inglesa a devolverle su libertad. Los honestos jueces británicos reconocerán, cuantas veces sea necesario, la honradez de los apóstoles de la no cooperación y del *satyagraha*; pero seguirán condenándolos a seis años de cárcel. La revolución no se hace, desgraciadamente, con ayunos. Los revolucionarios de todas las latitudes tienen que elegir entre sufrir la violencia o usarla. Si no se quiere que el espíritu y la inteligencia estén a órdenes de la fuerza, hay que resolverse a poner la fuerza a órdenes de la inteligencia y del espíritu.

RABINDRANATH TAGORE

Uno de los aspectos esenciales de la personalidad del gran poeta hindú Rabindranath Tagore es su generoso internacionalismo. Internacionalismo de poeta; no de político: La poesía de Tagore ignora y condena el odio; no conoce y exalta sino el amor. El sentimiento nacional, en la obra de Tagore, no es nunca una negación; es siempre una afirmación. Tagore piensa que todo lo humano es suyo. Trabaja por consustanciar su alma en el alma universal. Exploremos esta región del pensamiento del poeta, Definamos su posición ante el Occidente y su posición ante Gandhi y su doctrina.

La obra de Tagore contiene varios documentos de su filosofía política y moral. Uno de los más interesantes y nítidos es su novela *La Casa y el Mundo*. Además de ser una gran novela humana, *La Casa y el Mundo* es una gran novela hindú. Los personajes —el rajá Nikhil, su esposa Bimala y el agitador nacionalista Sandip— se mueven en el ambiente del movimiento nacionalista, del movimiento swadeshi como se llama en lengua indostana y como se le designa ya en todo el mundo. Las pasiones, las ideas, los hombres, las voces de la política gandhiana de la no cooperación y de la desobediencia pasiva pasan por las escenas del admirable romance. El poeta bengalí, por boca de uno de sus personajes, el dulce rajá Nikhil, polemiza con los fautores y asertores del movimiento *swadeshi*. Nikhil pregunta a Sandip: "¿Cómo pretendéis adorar a Dios odiando a otras patrias que son, exactamente como la vuestra, manifestaciones de Dios?" Sandip responde que "el odio es un complemento del culto". Bimala, la mujer de Nikhil, siente como Sandip: "Yo quisiera tratar a mi país como a una persona, llamarlo madre, diosa, Durga; y por esta persona yo enrojecería la tierra con la sangre de los sacrificios. Yo soy humana, yo no soy divina". Sandip exulta: "¡Mirad, Nikhil, como la verdad se hace carne y sangre en el corazón de una mujer! La mujer sabe ser cruel: su violencia es semejante a la de una tempestad ciega, terrible y bella. La violencia del hombre es fea, porque alimenta en su seno los gusanos roedores de la razón y el pensamiento. Son nuestras mujeres quienes salvarán a la patria. Debemos ser brutales sin vacilación, sin raciocinio".

El acento de Sandip no es, por cierto, el acento de un verdadero gandhiano. Sobretodo cuando Sandip invocando la violencia, recuerda estos versos exaltados: "¡Ven, Pecado espléndido — que tus rojos besos viertan en nuestra sangre la púrpura quemante de su flama! — ¡Has sonar la trompeta del mal imperioso — y teje sobre nuestras frentes la guirnalda de la injusticia exultante!"

No es este el lenguaje de Gandhi; pero sí puede ser el de sus discípulos: Romain Rolland estudiado la doctrina *swadeshi* en los discípulos de Gandhi, exclama: "Temibles discípulos! ¡Cuantos más puros, son más funestos! ¡Dios preserve a un gran hombre de estos amigos que no aprehenden sino una parte de su pensamiento! Codificándolo, destruyen su armonía".

El libro de Romain Rolland sobre Gandhi resume el diálogo político entre Rabindranath Tagore y el Mahatma. Tagore explica así su internacionalismo: "Todas las glorias de la humanidad son mías. La Infinita Personalidad del Hombre (como dicen los *Upanishads*) no puede ser realizada sino en una grandiosa armonía de todas las razas humanas. Mi plegaria es porque la India represente la cooperación de todos los pueblos del mundo. La Unidad es la Verdad. La Unidad es aquello que comprende todo y por consiguiente no puede ser alcanzada por la vía de la negación. El esfuerzo actual por separar nuestro espíritu del espíritu del Occidente es una tentativa de suicidio espiritual. La edad presente ha estado potentemente poseída por el Occidente. Esto no ha sido posible sino porque al Occidente ha sido encargada alguna gran misión para el hombre. Nosotros, los hombres del Oriente, tenemos aquí algo de que instruirnos. Es un mal sin duda que, desde hace largo tiempo, no hayamos estado en contacto con nuestra propia cultura y que, en consecuencia y la cultura del Occidente no esté colocada en su verdadero plano. Pero decir que ese malo seguir en relaciones con ella significa alentar la peor forma de un provincianismo, que no produce sino indigencia intelectual. El problema de hoy es mundial. Ningún pueblo puede hallar su salud separándose de los otros. O salvarse juntos o desaparecer juntos".

Propugna Rahindranath Tagore la colaboración entre el Oriente y el Occidente. Reprueba el *boycot* a las mercaderías occidentales. No espera un taumatúrgico resultado del retorno a la rueca. "Si las grandes máquinas son un peligro para el espíritu del Occidente, ¿las pequeñas máquinas no son para nosotros un peligró peor?" En estas opiniones, Rabindranath Tagore, no obstante su acendrado idealismo, aparece, en verdad, más realista que Gandhi. La India, en efecto, no puede reconquistar su libertad, aislándose místicamente de la ciencia y las máquinas occidentales. La experiencia política de la no cooperación ha sido adversa a las previsiones de Gandhi. Pero, en cambio, Rabindranath Tagore parece extraviarse en la abstracción cuando reprocha a Gandhi su actividad, de jefe político. ¿Previene este reproche de la convicción de que Gandhi tiene un temperamento de reformador religioso y no de jefe político, o más bien de un simple desdén ético y estético por la política? En el primer caso, Tagore tendrá razón. En mi estudio sobre Gandhi he tenido ya ocasión de sostener la tesis de que la obra del Mahatma, más que política, es moral y religiosa, mientras que su fuerza ha dependido no tanto de su predicación religiosa, como de que ésta ha ofrecido a los hindúes una solución para su esclavitud y para su hambre o mejor dicho, se ha apoyado en un interés político y económico.

Pero, probablemente, Tagore se inspira sólo en consideraciones de poeta y de filósofo. Tagore siente menos aún que Gandhi el problema político y social de la India. El mismo Swaraj (*home rule*) no le preocupa demasiado. Una revolución política y social no le apasiona. Tagore no es un realizador. Es un poeta y un ideólogo. Gandhi, en esta cuestión, acusa una intuición más profunda de la verdad. "¡Es la guerra! —dice— ¡Que el poeta deponga su lira! Cantará después". En este pasaje de su polémica con Tagore, la voz del Mahatma tiene un acento profético: "El poeta vive para el mañana y querría que nosotros hiciésemos lo mismo..., ¡Hay que tejer! ¡Que cada uno teja! ¡Que Tagore teja como los demás! ¡Que queme sus vestidos extranjeros! Es el deber de hoy. Dios se ocupará del mañana. Como dice la *Gita*: ¡Cumplid la acción justa!" Tagore en verdad, parece un poco ausente del alma de su pueblo. No siente su drama. No comparte su pasión y su violencia. Este hombre tiene una gran sensibilizad intelectual y moral; pero, nieto de un príncipe, han heredado una noción un poco solariega y aristocrática de la vida: Conserva demasiado arraigado, en su carne y en su ánimo, el sentimiento de su jerarquía. Para sentir y comprender plenamente la revolución hindú, el movimiento *swadeshi* le falta estar un poco más cerca del pueblo, un poco más cerca de la historia.

Tagore no mira la civilización occidental con la misma ojeriza, con el mismo enojo que el Mahatma: No la califica, como el Mahatma, de "satánica". Pero presiente su fin y denuncia sus pecados. Piensa que Europa está roída por su materialismo. Repudia al hombre de la urbe. La hipertrofia; urbana le parece uno de los agentes o uno de lose signos de la decadencia occidental. Las babilonias modernas no lo atraen; lo contristan. Las juzga espiritualmente estériles. Ama la vida campesina que mantiene al hombre en contacto con "la naturaleza fuente de la vida".

Se advierte aquí que, en el fondo, Tagore es un hombre de gustos patriarcalmente rurales. Su impresión de la crisis capitalista, impregnada de su ética y de su metafísica, es, sin embargo, penetrante y concreta. La riqueza occidental, según Tagore, es una riqueza voraz. Los ricos de Occidente desvían la riqueza de sus fines sociales. Su codicia, su lujo, violan los límites morales del uso de los bienes que administran. El espectáculo de los placeres de los ricos engendra el odio de clases. El amor al dinero pierde al Occidente. Tagore tiene, en suma, un concepto patriarcal y aristocrático de la riqueza.

El poeta supera, ciertamente, en Rabindranath Tagore, al pensador. Tagore es, ante todo y sobre todo, un gran poeta, un genial artista. En ningún libro contemporáneo hay tanto perfume poético, tanta hondura lírica, como en *Gitangali*. La poesía de *Gitangali* es tersa, sencilla, campesina. Y, como dice André Gide tiene el mérito de no estar embarazada por ninguna mitología. En *La Luna Nueva* y en *El Jardinero* se encuentra la misma pureza, la misma sencillez, la misma gracia divina. Poesía profundamente lírica. Siempre voz del hombre. Nunca voz de la multitud. Y, sin embargo, perennemente grávida, eternamente henchida de emoción cósmica.

LA REVOLUCION TURCA Y EL ISLAM

La democracia opone a; la impaciencia revolucionaria una tesis evolucionistas "la Naturaleza no hace saltos". Pero la investigación y la experiencia actuales, contradicen, frecuentemente, esta tesis absoluta. Prosperan tendencias anti-evolucionistas en el estudio de la biología y de la historia. Al mismo tiempo, los hechos contemporáneos desbordan del cauce evolucionista. La guerra mundial ha acelerado, evidentemente, entre otras crisis, la del pobre evolucionismo. (Aparecido en este tiempo, el darwinismo habría encontrado escaso crédito. Se habría dicho de él que llegaba con excesivo retraso).

Turquía, por ejemplo, es el escenario de una transformación vertiginosa e insólita. En cinco años, Turquía ha mudado radicalmente sus instituciones, sus rumbos y su mentalidad. Cinco años han bastado para que todo el poder pase del Sultán al *Demos* y para que en el asiento de una vieja teocracia se instale una república demo-liberal y laica. Turquía, dé un salto, se ha uniformado con Europa, en la cual fue antes un pueblo extranjero, impermeable y exótico. La vida ha adquirido en Turquía una pulsación nueva. Tiene las inquietudes, las emociones y los problemas de la vida europea. Fermenta en Turquía, casi con la misma acidez que en Occidente, la cuestión social. Se siente también ahí la onda comunista. Contemporáneamente, el turco abandona la poligamia, se vuelve monógamo; reforma sus ideas jurídicas y aprende el alfabeto europeo. Se incorpora, en suma, en la civilización occidental. Y al hacerlo no obedece a una imposición extraña ni externa. Lo mueve un espontáneo impulso interior.

Nos hallamos en presencia de una de las transiciones más veloces de la historia. El alma turca parecía absolutamente adherida al Islam, totalmente consustanciada en su doctrina. El Islam, como bien se sabe, no es un sistema únicamente religioso y moral sino también político social y la ley mosaica, *El Corán* da a sus creyentes normas de moral, de derecho de gobierno y de higiene. Es un código universal, una construcción cósmica. La vida turca tenía fines distintos de los de la vida occidental. Los móviles del occidental son utilitarios y prácticos; los del musulmán son religiosos y éticos. En el derecho y las instituciones jurídicas de una y otra civilización se reconocía, por consiguiente, una inspiración diversa. El Califa del islamismo conservaba, en Turquía; el poder temporal. Era Califa y Sultán. Iglesia y Estado constituían una misma institución. En su superficie empezaban a medrar algunas ideas europeas; algunos gérmenes occidentales. La revolución de 1908 había sido un esfuerzo por aclimatar en Turquía el liberalismo, la ciencia y la moda europeos. Pero el Corán continuaba dirigiendo la sociedad turca. Los representantes de la ciencia otomana creían, generalmente, que la nación se desarrollaría dentro del islamismo, Fatim Effendi, profesor de la Universidad de Estambul, decía que el progreso del islamismo "se cumpliría no por importaciones extranjeras sino por una evolución interior". El doctor Chehabeddin Bey agregaba que el pueblo turco, desprovisto de aptitud para la especulación, "no había sido nunca capaz de la herejía ni del cisma" y que o poseía una imaginación bastante creadora, un juicio suficientemente crítico para sentir la necesidad de rectificar sus creencias. Prevalecían, en suma, respecto al porvenir de la teocracia turca, previsiones excesivamente optimistas y confiadas. No se concedía mucha trascendencia a las filtraciones del pensamiento occidental, a los nuevos intereses de la economía y de la producción.

Revistemos rápidamente los principales episodios de la revolución turca.

Conviene recordar, previamente, que, antes de la guerra mundial, Turquía era tratada por Europa como un pueblo inferior, como un pueblo bárbaro. El famoso régimen de las *capitulaciones* acordaba en Turquía, a los europeos, diversos privilegios fiscales y jurídicos. El europeo gozaba en la nación turca de un fuero espacial. Se hallaba por encima de El Corán y de sus funcionarios. Luego, las guerras balcánicas dejaron muy disminuidas la potencia y la soberanía otomanas. Y tras de ellas vino la Gran Guerra. Su sino había empujado a Turquía al lado del bloque austro-alemán. El triunfo del bloque enemigo pareció decidir la ruina turca. La Entente miraba a Turquía con enojo y rencor inexorables. La acusaba de haber causado un prolongamiento cruento y peligroso de la lucha. La amenazaba con una punición tremenda, El propio Wilson, tan sensible al derecho de libre determinación de los pueblos, no sentía ninguna piedad por Turquía. Toda la ternura de su corazón universitario y presbiteriano estaba acaparada por los armenios y los judíos. Pensaba Wilson que el pueblo turco era extraño a la civilización europea y que debía ser expelido para siempre de Europa. Inglaterra, que codiciaba la posesión de Constantinopla, de los Dardanelos y del petróleo turco, se adhería naturalmente a esta predicación. Había prisa de arrojar a los turcos al Asia. Un ministerio dócil a la voluntad de los vencedores se constituyó en Constantinopla. La función de este ministerio era sufrir y aceptar, mansamente, la mutilación del país. La somnolienta ánima turca eligió ese instante dramático y doloroso para reaccionar. Insurgió, en Anatolia, Mustafá Kemal Pachá, jefe del ejército de esa región. Nació la *Sociedad de Trebizonda para la defensa de los derechos de la nación*. Se formó el gobierno de la Asamblea Nacional de Angora. Aparecieron, sucesivamente, otras facciones revolucionarias: el ejército verde, el grupo del pueblo y el Partido Comunista. Todas coincidían en la resistencia al imperialismo aliado, en la descalificación del impotente y domesticado gobierno de Constantinopla y en la tendencia a una nueva organización social y política.

Esta erección del ánimo turco detuvo, en parte, las intenciones de la Entente. Los vencedores ofrecieron a Turquía en la conferencia de Sévres una paz que le amputaba dos terceras partes de su territorio, pero que le dejaba, aunque no fuese sino condicionalmente, Constantinopla y un retazo de tierra europea. Los turcos no eran expulsados del todo de Europa. La sede del Califa era respetada. El gobierno de Constantinopla se resignó a suscribir este tratado de paz. Mustafá Kemal, a nombre del gobierno de Anatolia, lo repudió categóricamente. El tratado no podía ser aplicado sino por la fuerza.

En tiempos menos tempestuosos, la Entente habría movilizado contra Turquía su inmenso poder militar. Pero era la época de la gran marea revolucionaria. El orden burgués estaba demasiado sacudido y socavado para que la Entente lanzase sus soldados contra Mustafá Kemal. Además, los intereses británicos chocaban en Turquía con los intereses franceses. Grecia, largamente favorecida por el trabajo de Sévres, aceptó la misión de imponerlo a la rebelde voluntad otomana.

La guerra greco-turca tuvo algunas fluctuaciones. Mas, desde el primer día, se contrastó la fuerza de la revolución turcas Francia se apresuró a romper el frente único aliado y a negociar y pactar la cooperación rusa. La ola insurreccional se extendió en Oriente. Estos éxitos excitaron y fortalecieron el animó de Turquía. Finalmente, Mustafá Kemal batió al ejército griego y lo arrojó del Asia Menor. Las tropas kemalistas se aprestaron para la liberación de Constantinopla, ocupada por soldados de la Entente. El gobierno británico quiso responder a esta amenaza con una actitud guerrera. Pero los laboristas se opusieron a tal propósito. Un acto de conquista no contaba ya, como habría contado en otros tiempos, con la aquiescencia o la pasividad de las masas obreras. Y esta fase de la insurrección turca se cerró con la suscripción de la paz de Lausanne que, cancelando el tratado de Sévres, sancionó el derecho de Turquía a permanecer en Europa y a ejercitar en su territorio toda su soberanía. Constantinopla fue restituida al pueblo turco.

Adquirida la paz exterior, la revolución inició definitivamente la organización de un orden nuevo. Se acentuó en toda Turquía una atmósfera revolucionaria. La Asamblea Nacional dio a la nación una constitución democrática y republicana. Mustafá Kemal, el caudillo de la insurrección y de la victoria; fue designado Presidente. El Califa perdió definitivamente su poder temporal. La Iglesia quedó separada del Estado. La religión y la política turcas cesaron de coincidir y confundirse. Disminuyó la autoridad de *El Corán* sobre la vida turca, con la adopción de nuevos métodos y conceptos jurídicos.

Pero seguía en pie el Califato. Alrededor del Califa se formó un núcleo reaccionario. Los agentes británicos maniobraban simultáneamente en los países musulmanes a favor de la creación de un Califato dócil a su influencia. El movimiento reaccionario comenzó a penetrar en la Asamblea Nacional. La Revolución se sintió acechada y se resolvió a defenderse con la máxima energía. Pasó rápidamente de la defensiva a la ofensiva. Procedió a la abolición del Califato y a la secularización de todas las instituciones turcas.

Hoy Turquía es un país de tipo occidental. Y esta fisonomía se irá afirmando cada día más. Las condiciones, políticas y sociales emanadas de la revolución estimularán el desarrollo de una nueva economía. La vuelta a la monarquía teocrática no será materialmente posible. La civilización occidental y la ley mahometana son inconciliables.

El fenómeno revolucionario ha echado hondas raíces en el alma otomana. Turquía está enamorada de los hombres y las cosas nuevas. Los mayores enemigos de la revolución kemalista no son turcos. Pertenecen, por ejemplo, al capitalismo inglés. El *Times* de Londres comentaba senil y lacrimosamente la supresión del Califato, "una institución tan ligada a la grandeza pasada de Turquía. La burguesía occidental no quiere que el Oriente se accidentalice. Teme por el contrario, la expansión de su propia ideología y de sus propias instituciones. Esto podría ser otra prueba de que ha dejado de representar los intereses vitales de la Civilización de Occidente.

La escena contemporánea: VII.- Semitismo y antisemitismo

VII.- Semitismo y antisemitismo

La escena contemporánea José Carlos Mariátegui

EL SEMITISMO

UNO de dos fenómenos más interesantes de la post-guerra, es el del renacimiento judío. Los fautores del sionismo hablan de una resurrección del pueblo de Israel. El pueblo eterno del gran éxodo se siente designado, de nuevo, para un gran rol en la historia. El movimiento sionista no acapara toda la actividad de su espíritu. Muchos judíos miran con desconfianza este movimiento, controlado y dirigido por la política imperialista de Inglaterra. El renacimiento judío es un fenómeno mucho más vasto. El sionismo no constituye sino uno de sus aspectos, una de sus corrientes.

Este fenómeno tiene sus raíces próximas en la guerra. El programa de paz de los aliados no pudo prescindir de las viejas reivindicaciones israelitas. El pueblo judío era en la Europa Oriental, donde se concentraban sus mayores masas, un pueblo paria, condenado a todos los vejámenes. La civilización burguesa había dejado subsistente en Europa, entre otros residuos de la Edad Media, la inferioridad jurídica del judío. Un nuevo código internacional necesitaba afirmar y amparar el derecho de las poblaciones israelitas. Inglaterra, avisada y perspicaz, se dio cuenta oportuna de la conveniencia política de agitar, en un sentido favorable a los aliados, la antigua cuestión judía. La declaración Balfour proclamó, en noviembre de 1917, el derecho de los judíos a establecer en la Palestina su hogar nacional. La propaganda wilsoniana robusteció, de otro lado, la posición del pueblo de Israel. El papel representado en la guerra y en la paz por los Estados Unidos —la nación que más liberalmente había tratado a los judíos en los tiempos pre-bélicos— influyó de un modo decisivo en favor de las reivindicaciones israelitas: El tratado de paz puso en manos de la Sociedad de las Naciones la tutela de Israel.

La paz inauguró un período de emancipación de las poblaciones israelitas en la Europa Oriental. En Polonia y en Rumania, el Estado otorgó a los judías el derecho de ciudadanía. El movimiento sionista anunció, a todos los dispersos y vejados hijos de Israel, la reconstrucción en Palestina de la patria de los judíos. Pero la resurrección israelita se apoyó, sobre todo, en la agitación revolucionaria nacida de la guerra. La revolución rusa no sólo canceló, con el régimen zarista, los rezagos de desigualdad jurídica y política de los judíos: colocó en el gobierno de Rusia a varios hombres de raza semita. La revolución alemana, con la ascensión de la social-democracia al poder, se caracterizó por la misma consecuencia. En el estado mayor del socialismo alemán militaban, desde los tiempos de Marx y Lassalle, muchos israelitas.

Tanto la política de la reforma como la política de la revolución, se presentaron, así, más o menos conectadas con el renacimiento judío. Y esto fue motivo de que la política de la reacción se tiñese en todo el Occidente de un fuerte color antisemita. Los nacionalistas, los reaccionarios, denunciaron en Europa la paz de Versalles como tina paz inspirada en intereses y sentimientos israelitas. Y declararon al bolchevismo una sombría conjuración de los judíos contra las instituciones de la civilización cristiana. El antisemitismo adquirió en Europa, y aun en Estados Unidos; una virulencia y una agresividad extremadas. El sionismo, simultáneamente, en el ánimo de algunos de sus prosélitos, se contagiaba del mismo humor. Trataba de oponer a los" innumerables nacionalismos occidentales orientales un nacionalismo judío, inexistente antes de la crisis post-bélica.

Para un observador objetivo de esta crisis, la función de los judíos en la política reformista y en la política revolucionaria resultaba perfectamente explicable. La raza judía, bajo el régimen medioeval, había sido mirada como una raza réproba. La aristocracia le había negado el derecho de ejercer toda profesión noble. Esta exclusión había hecho de los judías en el mundo una raza de mercaderes y artesanos. Había impedido, al mismo tiempo; la diseminación de los judíos en los campos. Los judíos, obligados a vivir en las ciudades, del comercio, de la usura y de la industria, quedaron solidarizados con la vida y el desarrollo urbanos. La revolución burguesa, por consiguiente se nutrió en parte de savia judía. Y en la formación de la economía capitalista les tocó a los judíos, comerciante e industriales expertos, un rol principal y lógico. La decadencia de las "profesiones nobles", la transformación de la propiedad agraria, la destrucción de los privilegios de la aristocracia, etc., dieron un puesto dominante en el orden capitalista, al banquero, al comerciante, al industrial. Los judíos, preparados para estas actividades, se beneficiaron con todas las manifestaciones de este proceso histórico, que trasladaba del agro a la urbe el dominio de la economía. El fenómeno más característica de la economía moderna —el desarrollo del capital financiero— acrecentó más aún el poder de la burguesía israelita. El judío aparecía, en la vida económica moderna, como uno de los más adecuados factores biológicos de sus movimientos sustantivos: capitalismo, industrialismo, urbanismo, internacionalismo. El capital financiero, que tejía por encima de las fronteras una sutil y recia malla de intereses, encontraba en los judíos, en todas las capitales del occidente, sus más activos y diestros agentes. La burguesía israelita, por todas estas razones, se sentía mancomuna- da con las ideas y las instituciones del orden democrático-capitalista. Su posición en la economía la empujaba al lado del reformismo burgués. (En general, la banca tiende, en la política, a una táctica oportunista y democrática que colinda a veces con la demagogia. Los banqueros sostienen, normalmente, á los partidos progresistas de la burguesía. Los terratenientes, en cambio, se enrolan en los partidos conservadores). El reformismo burgués había creado la Sociedad de las Naciones, como un instrumento de su atenuado internacionalismo. Coherente con sus intereses, la burguesía israelita tenía lógicamente, que simpatizar con un organismo que, en la práctica, no era sino una criatura del capital financiero.

Y como los judíos no se dividían únicamente en burguesía y pequeña burguesía sino además en proletariado, era también natural que en gran número resultasen mezclados al movimiento socialista y comunista. Los judíos que, como raza y como clase, habían sufrido doblemente la injusticia humana, ¿podían, ser insensibles a la emoción revolucionaria? Su temperamento, su psicología, sus vidas impregnadas de inquietud urbana, hacían de las masas israelitas uno de los combustibles más próximos a la revolución. El carácter místico, la mentalidad catastrófica de la revolución, tenían que sugestionar y conmover, señaladamente, a los individuos de raza judía. El juicio sumario y simplista de las extremas derechas no tomaba casi en cuenta ninguna de estas cosas. Prefería ver en el socialismo una mera elaboración del espíritu judío, sombríamente alimentada del rencor del *ghetto* contra la civilización Occidental y cristiana,

El renacimiento judío no se presenta como el renacimiento de una nacionalidad. No se presenta tampoco como el renacimiento de una religión. Pretende ser, más bien, el renacimiento del genio, del espíritu, del sentimiento judío. El sionismo —la reconstrucción del hogar nacional judío— no es sino un episodio de esta resurrección. El pueblo de Israel, "el más soñador y el más práctico del mundo", como lo ha calificado un escritor francés, no se hace exageradas ilusiones respecto a la posibilidad de reconstituirse como nación, después de tantos siglos en el territorio de Palestina.

El tratado de paz en primer lugar, no ha podido dar a los judíos los medios de organizarse e instalarse libremente en Palestina. Palestina, conforme al tratado, constituye fundamentalmente una colonia de la Gran Bretaña. La Gran Bretaña considera al sionismo como una empresa de su política imperialista. En los seis años transcurridos desde la paz, no se han establecido en Palestina, según las cifras de *La Revue Juive* de París, sino 43,500 judíos. La inmigración a Palestina, sobre todo durante los primeros años, ha estado sometida a una serie de restricciones policiales de Inglaterra. Las autoridades inglesas han cernido severamente en las fronteras, y antes de las fronteras, a los inmigrantes. En las masas judías de Europa y América, por otra parte, no se ha manifestado una voluntad realmente viva de repoblar la Palestina. La mayor parte de los inmigrantes procede de las regiones de la Europa Oriental, donde la existencia de los judíos, a causa de las circunstancias económicas o del sentimiento antisemita, se ha tornado difícil o incómoda. Las masas judías se encuentran, en su mayoría, demasiado acostumbradas al tenor y al estilo de la vida urbana y occidental para adaptarse, fácilmente, a las necesidades de una colonización agrícola. Los judíos son generalmente industriales, comerciantes, artesanos, obreros y la organización de la economía de Palestina tiene que ser obra de trabajadores rurales. A la reconstrucción del hogar nacional judío en Palestina se opone, además, la resistencia de los árabes, que desde hace más de doce siglos poseen y pueblan ese territorio. Los árabes de Palestina no suman sino 800,000. Palestina puede alojar al menos una población de cuatro a cinco millones. De otro lado, como escribe Charles Gide, los árabes "han hecho de la Tierra Prometida una Tierra Muerta". El ilustre economista les recuerda "el versículo de *El Corán* que dice que la tierra pertenece a aquél que la ha trabajado, irrigado, vivificado, ley admirable, muy superior a la ley romana que nosotros hemos heredado, que funda la propiedad de la tierra sobre la ocupación y la prescripción". Estos argumentos están muy bien. Pero, por el momento, prescinden de dos hechos: 1°) Que los israelitas no componen presentemente más qué el diez por ciento de la población de Palestina, y que no es probable una fuerte aceleración del movimiento inmigratorio judío; y 2°) Que los árabes defienden no sólo su derecho al suelo sino también la independencia de Arabia y de Mesopotamia y en general del mundo musulmán, atacado por el imperialismo británico.

Los propios intelectuales israelitas, adheridos al sionismo no exaltan generalmente este movimiento por lo que tiene de nacionalista. Es necesario, dicen, que los judíos tengan un hogar nacional, para qué, se asilen en él las poblaciones judías "inasimilables", que se sienten extranjeras e incómodas en Europa. Estas poblaciones judías inasimilables —que son las que viven encerradas en sus *ghettos* (barrios de israelitas), boicoteadas por los prejuicios antisemitas de los europeos, en la Europa central y occidental—, representan una minoría del pueblo de Israel. La mayoría incorporada plenamente en la civilización occidental, no la desertaría, no la abandonaría seguramente para marchar, de nuevo, a la conquista de la Tierra Prometida.

Einstein, halla el mérito del sionismo en su poder moral. "El sionismo —escribe— está en camino de crear en Palestina un centro de vida espiritual judía". Y agrega: "Es por esto que yo creo que el sionismo, movimiento de apariencia nacionalista, es en fin de cuentas, benemérito a la humanidad".

El renacimiento judío, en verdad, existe y vale, sobre todo, como obra espiritual e intelectual de sus grandes pensadores, de sus grandes artistas, de sus grandes luchadores. En el elenco de colaboradores de *La Revue Juive* se juntan hombres como Albert Einstein, Sigmund Freud, Georges Brandes, Charles Gide, Israel Zangwill, Waldo

Frank, etc. En el movimiento revolucionario de Oriente y Occidente, la raza judía se encuentra numerosa y brillantemente representada. Son estos valores los que en nuestra época dan al pueblo de Israel derecho a la gratitud y a la admiración humana. Y son también los que le recuerdan que su misión, en la historia moderna, como lo siente y lo afirma Einstein, es principalmente una misión internacional, una misión humana.

EL ANTISEMITISMO

El renacimiento del judaísmo ha provocado en el mundo un renacimiento del antisemitismo. A la acción judía ha respondido, la reacción antisemita. El antisemitismo, domesticado durante la guerra por la política de la "Unión Sagrada", ha recuperado violentamente en la post-guerra su antigua virulencia. La paz lo ha vuelto guerrero. Esta frase puede parecer de un gusto un poco paradójico. Pero es fácil convencerse de que traduce una realidad histórica.

La paz de Versalles, como es demasiado notorio, no ha satisfecho a ningún nacionalismo. El antisemitismo, como no es menos notorio, se nutre de nacionalismo y de conservantismo. Constituye un sentimiento y una idea de las derechas. Y las derechas, en las naciones vencedoras y en las naciones vencidas, se han sentido más o menos excluidas de la paz de Versalles. En cambio, han reconocido en la trama del tratado de paz algunos hilos internacionalistas. Han reconocido ahí, atenuada pero inequívoca, la inspiración de las izquierdas. Las derechas francesas han denunciado la paz como una paz judía, una paz puritana, una paz británica. No han temido contradecirse en todas estas sucesivas o simultáneas calificaciones. La paz —han dicho— ha sido dictada por la banca internacional. La banca internacional es, en gran parte, israelita. Su principal sede es Londres. El judaísmo ha entrado, en fuerte dosis espiritual, en la formación del puritanismo anglo-sajón. Por consiguiente, nada tiene de raro que los intereses israelitas puritanos y británicos coincidan. Su convergencia, su solidaridad, explican por qué la paz es, al mismo tiempo, israelita, puritana y británica.

No sigamos a los escritores de la reacción francesa en el desarrollo de su teoría que se remonta, por confusos y abstractos caminos, a los más lejanos orígenes del puritanismo y del capitalismo. Contentémonos con constatar que, por razones seguramente más simples, los autores de la paz admitieron en el tratado algunas reivindicaciones israelitas.

El tratado reconoció a las masas judías de Polonia y Rumania los derechos acordados a las minorías étnicas y religiosas, dentro de los Estados adherentes a la Sociedad de las Naciones. En virtud de esta estipulación, quedaba de golpe abolida la desigualdad política y jurídica que la persistencia de un régimen medioeval había mantenido a los israelitas en los territorios de Polonia y Rumania. En Rusia la revolución había cancelado ya esa desigualdad. Pero Polonia, reconstituida coma nación en Versalles, había heredado del zarismo sus métodos y sus hábitos antisemitas. Polonia, además, alojaba a la más numerosa población hebrea del mundo. Los israelitas encerrados en sus *ghettos*; segregados celosamente de la sociedad nacional, sometidos a un *pogrom* permanente y sistemático, sumaban más de tres millones.

En ninguna parte existía, por ende, con tanta intensidad un problema judío. En ninguna nación las resoluciones de Versalles a favor de los judíos suscitaban, por la misma causa, una mayor agitación antisemita. El rol que le tocó a Polonia en la política europea de la post-guerra permitió que el poder cayera fajo el control del antisemitismo. Colocada bajo la influencia y la dirección de Francia, en un instante en que dominaba en Francia la reacción, Polonia recibió el encargo de defender y preservar el Occidente de las filtraciones de la revolución rusa. Esta política tuvo que apoyarse en las clases conservadoras, y que alimentarse de sus prejuicios y de sus rencores anti-judíos. El hebreo resultaba invariablemente sospechoso de inclinación al bolchevismo.

Polonia es hasta hoy el país de más brutal antisemitismo. Ahí el antisemitismo no se manifiesta sólo en la forma de *pogroms* cumplidos por las turbas jingoístas. El gobierno es el primero en resistir a las obligaciones de la paz, Una reciente información de Polonia dice a este respecto: "El antisemitismo gubernamental y social parece acentuarse en Polonia. Hasta ahora las leyes de excepción legadas a Polonia por la Rusia zarista no han sido abrogadas".

Otro foco activo de antisemitismo es Rumania. Este país contiene igualmente una fuerte minoría israelita. Las persecuciones han causado un éxodo. Una gran parte de los inmigrantes que afluyen a Palestina proceden de, Rumania. El número de israelitas qué quedan en Rumania se acerca sin embargo, a 755,000. Como en toda Europa, los hebreos componen en Rumania un estrato urbano. Y, en Rumania como en otras naciones de Europa Oriental, la legislación y la administración se inspiran principalmente en los intereses de las clases rurales. No por esto los judíos son menos combatidos dentro de las ciudades, demasiado saturadas naturalmente de sentimiento campesino. El nacionalismo y el conservantismo rumanos no pueden perdonarles la adquisición del derecho de ciudadanía, el acceso a las profesiones liberales. El odio antisemita monta su guardia en las universidades. Se encarniza contra los estudiantes israelitas. Reclama la adopción del *Numerus Clasus*, que consiste en la restricción al mínimo de la admisión de israelitas en los estudios universitarios.

El *Numerus Clasus* rige desde hace tiempo en Hungría, donde a la derrota de la revolución comunista siguió un período de terror antisemita. La persecución de comunistas, no menos feroz que la persecución de cristianos del Imperio Romano, se caracterizó por una serie de *pogroms*. Los judíos, bajo este régimen de terror, perdieron prácticamente todo derecho a la protección de las leyes y los tribunales. Se les atribuía la responsabilidad de la revolución sovietista. ¿Un israelita, Bela Khun, no había sido el presidente de la República Socialista Húngara? Este hecho parecía suficiente para condenar a toda la raza judía a una truculenta represión. No obstante el tiempo trascurrido desde entonces, el furor antisemita no se ha calmado aún. El fascismo húngaro lanza periódicamente sus legiones contra los judíos. Sus desmanes —cometidos en nombre de un sedicente cristianismo— han provocado últimamente una encendida protesta del Cardenal Csernoch, Príncipe Primado de Hungría. El Cardenal ha negado indignadamente a los autores de esos "actos abominables" el derecho de invocar el cristianismo para justificar sus excesos. "De lo alto de este sillón milenario —ha dicho— yo les grito que son hombres sin fe ni ley".

En Europa Occidental el antisemitismo no tiene la misma violencia. El clima moral, el medio histórico, son diversos. El problema judío reviste formas menos agudas. El antisemitismo, además, es menos potente y extenso. En Francia se encuentra casi localizado en el reducido aunque vocinglero sector de la extrema derecha. Su hogar es *L'Action Française*. Su sumo pontífice, Charles Maurras. En Alemania, donde la revolución suscitó una acre fermentación antijudía, el antisemitismo no domina sino en dos partidos: el *Deutsche national* y el fascista. El racismo que tiene en Luddendorf su más alto *condottiere* mira en el socialismo una diabólica elaboración del judaísmo. Pero en la misma derecha un vasto sector no toma en serio estas supersticiones. En el *Volks Partei* milita casi toda la plutocracia —industrial y financiera— israelita.

La reacción, en general, tiene sin embargo, en todo el mundo, una tendencia antisemita. Israel combate en los frentes de la democracia y de la Revolución. Un escritor antisemita y reaccionario, Georges Batault, resume la situación en esta fórmula: "En tanto que los judíos internacionales juegan a dos cartas —Revolución y Sociedad de las Naciones— el antisemitismo juega a la carta nacionalista". El mismo escritor agrega que del sionismo se puede esperar una solución del problema judío. Los nacionalismos europeos trabajan por crear un nacionalismo judío. Porque piensan que la constitución de una nación judía libraría el mundo de la raza semita. Y, sobre todo, porque no pueden concebir la historia sino como una lucha de nacionalismos enemigos y de imperialismo beligerantes.

Made in the USA
Coppell, TX
06 February 2022

73021295R00050